왜 욱하세요?

흥분해서 관계를 망치는 당신을 위한 대화법

왜 욱하세요?

김범준 지음

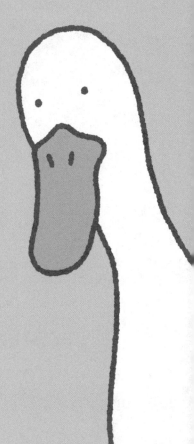

유노
북스

말을 시작하기 전에 반드시 생각할 시간을 가져라.
그리하여 당신이 지금 하고자 하는 말이
말할 가치가 있는지, 무익한 말인지, 누군가를 해칠 염려가 없는지 잘 생각해 보라.

—

레프 톨스토이

더 이상
욱하지 않기로 했습니다

1.

A4 용지를 꺼냈습니다. 0.7 볼펜을 잡고 '참을 인' 자를 세 번 써 봅니다.

忍

忍

忍

총 7획으로 된 이 글자를 세 번 쓰느라 걸린 시간은 12.34초였습니다. 마치 '앞으로나란히!'를 한 것처럼 보이는 글자를 쓰는 시간은 12.34초…. 언제부터인가 누군가의 말이 거슬릴 때, 듣기 싫을 때, 답답해질 때, 잘 참다가도 욱하는 마음이 드는 바로 그 순간, 저는 이제 '참을 인'을 씁니다.

2.

직장인에게 퇴직은 곧 사회적 죽음이라는 말이 있습니다. 다소 과장된 표현이라고 생각하긴 하지만 그래도 그 절박함에는 어느 정도 공감합니다. 명함이 사라진 자리에 남는 공허함이 느껴집니다. 사회적 존재로서의 인간의 모습 중 뭔가가 빠지게 된다면 외로울 수밖에 없죠. 그런데 그거 아시는지요? 우리에게 스스로 사회적 관계를 단절하는 모습이 있다는 걸요. 그건 바로 욱하는 모습입니다.

욱한다는 건 스스로 세상에 등을 돌리는 것과 같습니다. 욱하는 말을 하고, 욱하는 표정과 욱하는 행동을 보이는 사람과 함께하려는 사람은 아무도 없기 때문입니다. 혼자이기를 바란다면, 누군가의 따뜻함과 이별하고자 한다면, 정녕 그것이 아무렇지도 않다면 욱해도 됩니다. 하지만 사회적 관계 안에서 함께하면 기분 좋은 사람으로 인정받고자 한다면 지금부터는 욱하는 것을 그만둘 때가 됐습니다.

3.

사람들은 화내는 사람을 피하기 마련입니다. 화내는 것도 버릇이라 자주 내다 보면 사소한 일에도 익숙하게 화를 내는 말과 행동을 하게 됩니다.

욱하는 순간 우리는 많은 걸 잃게 되기에 조심해야 합니다. 욱함을 조심하기 위한 첫 번째는 상대방을 잘 바라보고 관찰한 후에 상대방의 말을 잘 듣는 것에서 시작합니다. 특히 듣기가 핵심입니다. 들으려 하지 않기에 욱하고, 들어 주지 않기에 욱하게 만듭니다. 욱하는 자신을 알아차렸다면 이제 잘 들으면서 세상과 소통할 준비를 해야 합니다. 이제 욱함의 조절을 위해, 우리의 감정을, 우리의 말투를, 우리의 관계를 살펴보려 합니다. 욱하지 않고 세련되게 대화하는 방법을 작은 것 하나부터라도 조금씩 실행해 본다면 분명 욱하는 감정과 모습들은 사라지고 아름다운 관계가 남아 있을 것이라 생각해 봅니다.

감사합니다.

1장

마음부터
다스리세요

: 감정을 다스리는 대화의 기술

왜 **욱**하세요?

욱하는
마음이 들 때는
우물쭈물하라

조지 버나드 쇼는 1856년 아일랜드에서 태어나 1950년 영국에서 사망한 극작가이자 소설가 그리고 수필가입니다. 1925년에 노벨 문학상을 수상하기도 했습니다. 지금까지는 일반적인 인물 설명이었습니다. 노벨 문학상 수상자라는데 개인적으로는 그가 쓴 책의 제목이 무엇인지도 기억나지 않습니다. 그가 쓴 책의 제목은 《인간과 초인》이라는데 더더욱 들어 본 적이 없고요. 그럼에도 버나드 쇼는 우리에게 친숙합니다. 무슨 이유일까요?

그의 명언 때문입니다. 그는 지금을 사는 우리에게 촌철살인의 명언 제조기로 기억됩니다.

그가 남긴 말들은 풍자와 기지로 가득 차 있습니다. 단순히 대화 중 상대방에게 하는 독설에만 그치지 않았습니다. 부조리한 사회 현상을 꼬집는 명언으로 가득합니다. 조지 버나드 쇼의 말을 예로 들어 봅니다. '→'는 그의 명언에 대한 저의 생각입니다.

"애국심이란 단지 이 나라에서 태어났다는 이유만으로 이 나라가 다른 나라에 비해 우월하다고 믿는 신념이다."

→ 애교심, 애사심도 마찬가지인가?

"불행한 결혼 생활을 보내지 않는 유일한 방법은 결혼을 하지 않는 것이다."

→ 불행한 연인 관계를 맺지 않는 방법은 연애를 하지 않는 것이다?

"젊음은 젊은이에게 주기에는 너무 아깝다."

→ 이제 나도 이 말에 가끔 동의할 때가 있다. 나, 꼰대가 된 건가?

"반이 남은 술병을 보고 '술이 반밖에 없구나'라고 말하면 비관론자, '술이 반이나 남았군!'이라고 말하면 낙관론자."

→ 나는 낙관론자다. 술은 좋아하지만 술을 많이 마시는 건 혐오스럽다.

하지만 역시 '버나드 쇼'하면 생각나는 최고의 명언은 그의 묘비에 쓰인 글입니다.

"I knew if I stayed around long enough, something like this would happen."

이 문장의 정확한 풀이는 "내 언젠가 이 꼴 날 줄 알았지"라고 합니다. 하지만 우리에게는 다소 의역돼 "우물쭈물하다 내 이럴 줄 알았지"로 알려졌습니다. '우물쭈물'이라는 단어가 주는 뉘앙스가 지금 이 시대를 살아가는 우리에게 많은 생각을 하게 만들기 때문일 터입니다.

버나드 쇼의 묘비명에 대해 일반적으로는 '그러니까 우리는 지금의 삶을 아끼면서 열심히 살아가야 한다' 정도로 해석합니다. 하지만 저는 이 묘비명에서 적극적으로 나서지 못한 자기 자신을 탓하는 버나드 쇼를 떠올리지 않습니다. 버나드 쇼가 자아비판의 도구로 삼았다고 해석하는 것은 오히려 진부하게 느껴지기 때문입니다. 대신 우물쭈물했기에 자기 나름의 멋진 삶을 누린 버나드 쇼를 떠올립니다.

우물쭈물하면
사랑받는 사람이 될 수 있다

꽤 많은 사람이 자신의 생각과 다른 것이 있으면 욱하며 반대와 분노를 표현해 버립니다. 하지만 버나드 쇼는 욱하는 대신 우물쭈물할 줄 알았기에 소설도 쓰고 희극도 쓰면서 노벨 문학상을 받고 지금까지도 많은 사람에게 사랑받을 수 있지 않았을까요?

그가 좋은 작품을 쓰고 멋진 유머를 남기며 삶을 즐길 수 있던 원동력은 '우물쭈물'에 있었다고 생각해도 괜찮겠습니다. 앞으로 우물쭈물하게 되는 순간을 마주할 때마다, 예를 들어 대화를 하는 중간에 '이 말에 대답 못하면 지는 거야'라고 생각하기보다 '우물쭈물했으니 버나드 쇼처럼 사랑받게 될 거야'라고 편하게 받아들여 보기로 결심해 봅니다.

우물쭈물이란 상대방의 말을 섣불리 판단하지 않으려는 바람직한 태도와도 관련이 있다고 생각합니다. 상대방의 말에 섣부른 결론을 내리지 않고 상대방의 복잡한 삶의 이면을 들여다보려는 여유로운 태도인 것이죠. 빠른 것만이 옳다고 인정받는 세상이라고들 하지만 우물쭈물하면서 사는 것도 나름대로 괜찮습니다. 버나드 쇼의 '우물쭈물'은 누군가의 마음을 살피는, 세상의 소리에 기민하게 반응할 줄 아는 그만의 독특한 인생 처세술을 나타낸 키워드라고 생각합니다.

우물쭈물은 욱하는 성질을 못 이겨 사고가 늘어나고 있는 우리 사회에 있어서 필요한 화두가 아닐까 합니다. 홧김에 일을 저지르는 경우가 흔한 요즘, 예를 들어 서비스가 마음에 들지 않는다고 자신의 차량으로 통신 회사 점포로 돌진하는 것 같은 사고가 벌어질 때 우물쭈물은 그러한 불행을 사전에 막을 수 있는 일종의 주문과도 같은 단어입니다.

우물쭈물은 '강한 자가 이긴다'는 그릇된 인식이 만연한 현재의 사회에 우리가 지녀야 할 미덕과도 같은 것이 아닐까 합니다. 남을 배려하지 않고 자기 목소리만 높여야 거친 사회에서 살아남을 수 있다는 잘못된 의식을 교정해 주는 것이죠. 내가 먼저 뺏지 못하면 반드시 남에게 뺏기니 조금의 이해상반에도 양보란 없다고 생각하는 '욱하는 사회'의 해악을 막아 낼 수 있는 우물쭈물이라는 단어. 꽤 괜찮아 보입니다.

대화할 때 상대방의 말에 즉각 반응하는 대신에 상대방의 말을 끝까지 들으며 우물쭈물해 보면 어떨까요? 우물쭈물하면 욱하고 치미는 감정을 다스릴 수 있으니까요. 우물쭈물하면 쓸데없는 말실수를 하지 않을 수 있습니다. 그리고 가장 중요한 것, 우물쭈물하면 버나드 쇼처럼 사랑받는 사람이 되는 걸 기대해 볼 수도 있을 것입니다.

Check Point

"침묵은 경멸을 표현하는 가장 완벽한 방법이다."
역시 버나드 쇼의 말이다.
버나드 쇼 스타일의 처세 기술을 나타내는 키워드 두 개는
'우물쭈물'과 '침묵'이었음을 기억할 것.

판단을 늦추면 욱하는 마음이 가라앉는다

대화는 혼자만의 중얼거림이 아닙니다. 상대방의 모습과 감정을 끊임없이 읽어 내야 하는 일종의 프로세스입니다. 여기에서 '읽어 낸다'란 단어가 핵심입니다. 상대를 읽어 내기 위해서는 무작정 듣기만 하거나 섣부르게 판단하지 말고 그의 말부터 잘 들어야 하는 것이 우선입니다. 이 기본적인 태도를 무시하면 늘 엉뚱한 말만 쏟아 내게 됩니다. 상대방이 욱하는 감정을 갖게 하고, 또 그것에 욱하는 감정으로 대응하는 것이죠.

오래전의 일입니다. 한때 명상을 공부할 기회가 있었습니다. 무려 대학원 석사 과정에 진학해서 말이죠. 지금 생각해 보면 저는 명상을 통해 원하고자 하는 바를 이루지 못했습니다. 명상을 통한 기대가 지나치게 컸던 탓입니다. 하지만 하나만큼은 얻은 것이 있습니다. 제 입에서 나오는 거친 욕설을 알아차릴 수 있게 된 것이죠. 네, 맞습니다. 욕설하지 않게 됐다는 말이 아니라 알아차리게 된 것입니다.

'그게 무슨 성과입니까?'라고 의아하게 여길지도 모르겠습니다. 하지만 알아차리는 것만으로도 제 입에서 나오는 욕설의 절반, 아니 80% 이상은 사라졌습니다. 혹시 나쁜 습관, 예를 들어 상대방의 말에 욱하는 감정이 올라온다고 해 보시죠. 화를 내려고 할 때, 아니 화를 냈을 때 '아, 내가 지금 욱했구나!'라고 알아차리기만 해도 욱하는 자신을 통제할 수 있는 길에 접어들 수 있습니다.

이는 일종의 '마음 보기'입니다. 욱하고 반응하기 전후에 욱하는 내 마음을 먼저 보는 것이죠. 바라보기만 해도 욱해서 순식간에 튀어나오는 행동과 말을 조절할 수가 있습니다. 이것만 연습하셔도 누군가의 말에 순간적으로 욱하면서 결국 말과 행동에 실수하게 되는 걸 막아 낼 수 있습니다. 왜 욱하게 됐는지 고민할 필요도 없습니다. 욱하는 자기 모습을 스스로 알아차리기만 해도 됩니다.

나 자신이 욱하는 걸 볼 수 있게 됐다면 이제 다른 사람을 바라볼 차례입니다. 욱해서 부들부들 떨고 있는 상대방을 보면서 '욱하고 있구나'라고 알아차리면 됩니다. 상대방이 욱한다고 해서 내가 화를 낼 이유는 없습니다. 내가 화를 낸다면 그건 상대방 때문이 아니라 오로지 내 탓일 뿐입니다. 화가 났다면 그냥 화를 낸 내 모습을 돌아볼 줄 알면 됩니다. 더하지도, 빼지도 말고요.

침착한 대화는 상대를 받아들이는 것부터

실제로 우리는 말하고 있을 때는 아무것도 배울 수가 없습니다. 성장하고 싶다면, 어제와 다른 내가 되고 싶다면 일단 상대의 말을 잘 들어야 합니다. 아무 판단도 하지 않고 내 마음의 공간을 적극적으로 내주겠다는 태도로 상대방을 받아들여야 합니다. 마음에 상대방을 받아들일 공간이 없는 상태에서 수용하려 한다면 욱하게 될 뿐입니다.

상대방을 읽되 성급하게 생각하지 않는 태도가 대화의 시작입니다. 이는 자신의 관점만으로 상대방을 판단하지 않겠다는 의지와 오로지 상대방이 하는 말에만 집중하겠다는 각오가 필요한 힘든 과정입니다. 상대방의 감정에는 공감하고, 상대방이 하는 말에는 수용하는 태도가 있어야 합니다. 힘들긴 하지만 잘 해내기만 하면 우리에게 관계의 성장을 가져다줍니다.

우리는 들을 때 상대방을 충분히 이해하고 있다고 생각합니다. 하지만 대부분 착각입니다. 자신이 원하는 바를 이미 머리에 둔 상태로 상대방의 말을 듣기에 결국 아무것도 듣지 않는 것이나 마찬가지입니다. 아니 잘못 듣는 것이나 마찬가지인 거죠.

우리는 "상대방 입장으로 듣고 있다고!"라며 억울한 듯 말하지만 살펴보면 대부분 "상대방 입장으로 들어 준다고 '착각'하면서 듣고 있다고!"라고 바꿔서 말해야 하는 경우가 한두 번이 아닙니다. 이렇게 착각으로 가득 찬 상태로는 상대방도, 세상도, 그 어떤 것도 제대로 받아들이지 못합니다. 그러니 잘못된 판단만 머릿속에 가득할 수밖에 없습니다. 이렇게요.

'이게 무슨 말이야? 내가 누군지 모르나?'

'나를 도대체 뭐로 보고 말하는 거야?'

'무시하는 건가? 확 엎어 버려?'

상대방이 말할 때 듣기는커녕 오직 내가 해야 할 말에만 관심을 두다 보니 경솔한 말들만 튀어나옵니다. 불만이 생기고, 상대방의 말과 행동 하나하나를 두고 따지게 되며, 욱해서 화를 표출하고 짜증만 냅니다.

두 사람이 서로 "내 말 좀 들어 보라고…"라며 날을 세우더니 "내 말은 그게 아니라니까!"라며 불이 붙고 "됐으니 이제 우리 관계를 그만 끝내자!" 하고 그만두게 됩니다. 진정으로 '상대방을 들으려(Listen to you)' 하지 못하고 '상대방의 말만 들으려(Listen to your word)' 하는 데서 생기는 비극인 것입니다.

이렇게 되면 결국 어떤 일이 벌어질까요. 상대방은 우리를 멀리합니다. 우리 역시 상대방과 어울리는 것이 불편해집니다. 그러다가 욱하게 되고 결국 사랑하는 사람들과 나눌 얘깃거리를 준비해 봐야 대화에는 실패합니다. 혼자만 왕따가 된 것 같은 기분에 우울해지기가 쉽고 이런 일이 반복되면 사람이 많이 모인 곳보다는 혼자 있는 걸 더 즐기게 됩니다. 핸드폰으로 게임을 하며 혼자 시간을 보내야 더 편해지는 일종의 '자기 소외' 현상이 나타나게 되는 것이죠. 남들이 자신을 따돌리는 것이 아니라 자기가 알아서 자기를 소외시키는 현상이 생기게 됩니다.

'대화'의 영어 표현인 '커뮤니케이션(Communication)'의 어원은 라틴어의 '커뮤니스(Communis)'입니다. 이 단어의 뜻은 '나눔'이라고 합니다. 상대방 자체를 이해하려는 노력 없이 서로의 뜻을 나누기란 불가능하다는 것을 의미합니다. 힘들더라도 상대방을 그리고 상대방의 관점을 이해하려는 노력이 필요한 이유입니다. 상대방의 말을 섣불리 판단하지 않아야 대화는 제대로 이뤄질 수 있습니다. 그리고 있는 그대로 받아들일 때 욱하지 않으면서 관계를 제대로 맺을 수 있습니다.

이제 상대방에 대해 판단을 조금만 늦춰 보세요. 판단을 늦추고 이해하려는 노력이 욱하지 않고 잘 대화할 수 있는 비결이니까요. 그뿐인가요. 지혜도 쌓아 갈 수 있습니다. "말하는 것은 지식의 영역이고 듣는 것은 지혜의 영역이다"라는 격언처럼 말입니다.

어떤가요. 단순히 지식만 가득한 사람으로 취급되기보다는 지혜로운 사람으로 기억되는 것이 더 기분 좋지 않을까요?

늘 욱하는 사람으로 멀어짐의 대상이 되기보다는 언제나 함께하고 싶은 사람으로 여겨지는 것이 훨씬 낫지 않을까요?

Check Point

상대방의 말을 '들어 준다'는 태도가 계속된다면
당신의 대화는 불만, 화, 짜증으로 가득 찰 것이다

03

그때그때
말하는 것도
방법이다

예전에 한 친구가 있었습니다. 한참 친한 사이였기에 연락도 자주 했죠. 그런데 그 친구의 말 습관 중에 제가 여간해서는 적응하기 힘든 특징이 있었습니다. 바로 했던 말을 반복해서 말하는 것이었습니다. 그것도 마치 처음 이야기하는 것처럼, 게다가 들떠 하면서까지 말이죠. 그럴 때마다 저는 고민했습니다.

"너 지금 하는 말, 저번에 이야기해서 이미 나도 알고 있는 거야."

이렇게 말해야 했지만 소심한 저는 그건 또 예의가 아닌 것 같아서 주저했습니다. 그냥 들어 주기만 하다가 한계가 왔습니다. 어느 순간부터 반복되는 그의 말들이, 반복되는 그의 주제가 귀찮아졌고 결국 듣기조차 싫어졌습니다.

말은 하지 못하고, 속으로 욱하는 시간이 많아졌습니다. 고민하다 결국 아무 말도 없이 관계를 차단했습니다. 어리석은 결정이었습니다. 저는 그저 한마디 하면 됐습니다. "너 지금 하는 말, 저번에 이야기해서 이미 나도 알고 있는 거야"라고요. 그런데 주저하다 결국에는 영영 헤어짐을 선택했습니다. 좋은 사람을 잃었기에 더욱 아쉽습니다.

지금 생각해 보면 말을 반복하는 그가 문제가 아니라 이것도 저것도 아닌 채로 우왕좌왕 갈피를 못 잡은 제가 문제였습니다. 속으로 욱하는 순간에 제 마음에 집중해야 했습니다. 자기 마음의 소리도 듣지 못하는 사람이 어떻게 타인과 관계를 유지할 수 있을까요. 저는 마음의 소리를 무시했고 결국 욱해서 관계를 잃고 말았습니다. 상대방에게 표현하는 욱함이 아니라 제 마음속 욱함으로 말입니다.

저는 제 말에 상처를 쉽게 받는 편입니다. 제가 한 말이 누군가에게 고스란히 부정당할 때가 특히 그러합니다. 상대방이제 말에 조금이라도 인상을 구기면 '괜히 기분을 나쁘게 했나?'라고 생각하며 더는 말을 잇지 못합니다. 상처받지 않으려고 저의 마음을 숨기지만 문제는 결국 생기고야 맙니다. 한꺼번에 감정이 폭발하면서 순간적으로 인간관계를 끝내버리는 것이죠. 제가 지금까지 살면서 빈번하게 들은 말이 있습니다.

"왜 그때 바로 말하지 않고 지금에서야 이야기하니?"

이젠 저를 바꾸려고 노력하고 있습니다. 누군가의 말을 잘 듣는 것 이상으로 자기 내면의 목소리에 귀 기울이는 것의 중요성을 알아차렸기 때문입니다. 자기 마음에는 소홀하면서 타인의 이야기에만 귀를 기울이겠다고 하는 건 모순입니다. 욱할 때까지 자신의 마음을 억제하다가는 결국 억눌렀던 감정이 폭발하면서 욱하는 마음에 타인의 목소리마저 밑도 끝도 없이 부정하게 됩니다. 누군가의 말에 귀 기울인다면서 정작 자아를 바라보는 데는 소홀했던 자신을 반성합니다. 자신의 목소리에 귀를 잘 기울여야 그때부터 다른 사람의 말을 잘 들을 수 있다는 진리를 이제부터는 제 말과 태도에 녹여보려고 합니다.

내면의 소리에 집중하는 것이
관계를 지키는 길이다

자기 내면의 목소리에 귀 기울여야 하는 이유가 오직 자기 자신만을 위한 것일까요? 아닙니다. 자기 마음의 소리를 들을 수 있는 사람이 타인의 마음에도 귀를 기울일 줄 아는 법입니다. 상대방의 말을 조심스럽게 들을 줄 알고 그에 맞춰 대응할 수도 있으니 결국 상대방을 위한 일이기도 한 것이죠. 점점 언행이 격해지고 건조해지는 요즘에 자기부터 돌보지 않고 타인의 말에 귀를 열 수 있다는 건 거짓입니다. 자신의 감정을 소진해 버리는 순간 다른 사람의 말은 들리지 않고 폭발해 버리고 마는 것이니까요.

문제 하나 풀어 볼까요.

[문제]

고객: 오늘 제품이 도착했어요. 그런데 물건에 하자가 있네요. 고객 센터에 연락하느라 몇 시간을 허비했어요.
상담자: 그래요? 제품 갖고 계세요. 담당 기사가 새 제품을 갖고 일주일 후에 방문할 것입니다. 그때 맞교환하세요.

고객 불만에 상담하는 대화다. 대화에 관한 설명으로 옳은 것은?

① 불만을 유발한 상대는 기업이지만 상담자가 결국 기업을 대신하므로 고객이 사과받고 싶어 한다는 점을 해소해 주지 못했다는 점에서 상담자의 안내는 적절하지 않다.
② 상담자의 감정을 받아 주지 않고 실무적으로 처리하는 것이 좋으므로 상담은 적절하다.
③ 고객에게 공감하는 말보다 해결책을 제시한 상담이므로 적절하다.
④ 구매한 물건을 빠르게 새 물건으로 바꿔 주겠다는 상담이므로 고객 만족에 도움이 된다.

정답은? ①입니다. 고객의 마음이 어떠할지를 생각해 보면 답은 간단합니다. 고객은 지금 짜증과 분노의 감정이 뒤섞여 있는 상태입니다. 욱한 상태인 것이죠. 고객에게는 지금 새 물건을 받느냐 다음에 받느냐는 사과를 받은 후의 문제입니다. 고객이 몇 시간을 허비했다고 불만스러운 감정을 전달했을 때는 딱딱하게 실무적으로 처리하는 것보다 우선 감정을 받아주는 것이 적절합니다. 욱하는 고객의 감정을 조율하는 것이 빠른 해결책을 제시하는 것보다 앞서야 합니다.

이런 대응이 과연 한두 시간의 교육만으로 할 수 있을까요? 앵무새처럼 "죄송합니다. 고객님!"만 외친다고 고객이 감동할 수 있을까요? 아니, 고객이 불만을 거둬들일까요? 아닐 것입니다. 상담자도 평소에 자신의 감정을 스스로 들여다볼 줄 알고 또 적절하게 표현하는 훈련을 해야 합니다. 그래야 이런 상황에서도 자존감을 잃지 않고, 욱하지 않으면서 겸손하게 대화를 할 수 있습니다.

세상에는 상대와 가까워지는 말과 멀어지는 말이 있습니다. 가까워지는 말을 하면 욱하는 태도와 멀어질 수 있습니다. 핵심은 마음입니다. 왜냐고요? 가까워지기 위한 핵심적인 단어인 경청(傾聽)과 공감(共感)의 한자를 보시죠. 모두 마음 심(心) 자가 들어가 있지 않나요? 잘 듣고 또 수용하는 것, 이럴 때 우리는 관계의 평화를 찾아낼 수 있습니다. 훈련으로 얻을 수 있는 미덕입니다.

반대로 멀어지는 말, 예를 들어 욱하는 자신의 감정을 상대방에게 욱하는 말로 표현하면 소통은 끊어지고 관계는 단절됩니다. 비난하고, 경멸하며, 방어적이게 되고 결국 교류를 그만두는 것이죠. 말로만 욱하는 것이 아니라 표정으로 욱하는 것도 마찬가지입니다. 이를 위해 욱하는 감정을 쌓아 두지도 말아야 하고 또 자신의 욱하는 감정을 잘 들여다볼 줄도 알아야 합니다. 특히 잘 들을 줄 알아야 합니다.

듣는다는 것은 어렵지만 소중한 일입니다. 상대방의 말을 무작정 듣기만 하라는 건 아닙니다. 그건 우리 자신의 에너지를 무모하게 낭비할 수도 있으니까요. 다른 사람의 말을 들어 주되 자기 내면의 목소리에 집중하는 것이 중요하다고 말씀드리고 싶습니다. 자기 마음의 목소리가 세상을 향해 욱한 언어로 내뱉으려 할 때 잠시만이라도 신중하게 마음을 바라보는 여유를 가지면 어떨까요? 욱하는 순간 어렵게 쌓아왔던 소중한 관계를 순식간에 잃을 수 있다는 것을 경계하면서 말입니다.

Check Point

내 마음의 소리에 귀 기울일 줄 알아야
타인의 소리를 들을 수 있다.

04

화가 나는 이유는
있는 그대로
보지 않기 때문이다

상대방의 말을 '있는 그대로' 받아들이는 것, 참 어렵습니다. 하지만 상대방의 말을 '있는 그대로' 받아들이지 못하면 자신의 편협된 해석에 상대방의 말이 왜곡돼 남게 되니 어렵더라도 훈련을 통해 얻어야 할 습관입니다. '있는 그대로' 이 다섯 글자를 소홀히 한다면 의사라면 큰 의료 과실을 일으킬 수도 있고, 학교에서의 진로 지도 현장이라면 한 학생의 미래를 엉망으로 만드는 이유가 될 수도 있습니다. 일상의 대화에서도 상대의 말을 섣불리 판단해 잘못 해석하면 생각과는 다른 상대의 행동에 욱하는 상황이 펼쳐집니다.

있는 그대로 받아들이는 것은 일종의 자기감정 조절 능력이라고 하겠습니다. 자기감정을 조율할 줄 안다면 이는 곧 욱하는 감정을 조절할 줄 안다는 뜻이며 욱하는 마음을 통제하는 사람이라면 관계를 조율하는 것에 문제가 없을 것입니다. 누군가 자신에게 불유쾌한 자극을 주더라도 짐승처럼 곧바로 반응을 보이지 않고 현명한 대처를 할 수 있게 될 테니까요. 이성과 감성을 조화롭게 하면서도 감정을 적절하게 표출하고 표현하는 능력은 욱하지 않는 자신을 발견하기 위해서라도 꼭 필요한 능력입니다.

관계에 힘쓰고 싶은 당신이라면 받아들이는 것은 선천적 능력이 아닌 후천적 훈련으로 얻을 수 있다고 생각하길 바랍니다. 그중의 하나는 상대방의 말을 들으면서 섣불리 '정보'를 얻으려 하지 않겠다는 마음가짐입니다. 대화할 때는 정보가 아닌 '데이터'를 얻는 것으로 만족하겠다는 마음가짐이 필요합니다. 정보와 데이터 중에서 우리가 받아들여야 할 것은 데이터라는 점을 기억해 두길 바랍니다. 원활한 대화를 위해서라도, 욱하지 않는 편한 관계를 위해서라도 말입니다.

그렇다면 정보와 데이터는 무슨 차이가 있을까요? 자신의 해석을 통해 의미가 부여된 자극이 '정보(Information)'입니다. 우리는 정보에 목말라합니다. 현대 사회에서 개인이나 조직의 성공 여부를 결정짓는 중요한 요소가 정보라고 배워 왔기 때문입니다. 물론 정보는 개인이나 조직이 올바른 의사 결정을 내리는 데 중요한 판단 기준입니다. 현재 상황을 정확하게 반영하는 가치 있는 정보는 보유할수록 더욱 좋다는 것에는 이의를 제기할 수 없을 것입니다.

하지만 얻어 낸 정보가 가치가 없다면 어떻게 될까요? 오히려 그런 정보는 우리의 인간관계에 악영향을 줄 것입니다. 정보 그 자체보다 정보를 이루는 '데이터(Data)'를 있는 그대로 받아들이는 자세가 중요한 이유입니다. 즉 현실 세계에서 관찰을 통해 수집한 '사실(Fact)'이나 '값(Value)'이 명확해야 합니다. 예를 들어 목장에서 방금 짠 원유는 데이터일 것이고 이를 공장에서 가공해 팩에 담은 우유는 정보입니다. 아무리 공장에서의 가공 작업이 깔끔해도 애초에 원유가 상했다면 그것은 상품 가치가 없습니다.

대화 역시 마찬가지입니다. 섣불리 누군가의 정보를 얻었다는 섣부른 마음은 왜곡된 판단을 불러옵니다. 대화는 데이터를 얻는 행위일 뿐 정보를 찾아내는 일이 아니라는 것을 기억해 두세요. 상대방과 대화를 할 때는 우선 오직 순수하게 존재하는 데이터 그 자체만 확인하려는 노력부터 해야 합니다. 그래야 욱하는 횟수를 줄이고 감정 조절의 기술 역시 향상할 수 있습니다.

그동안 대화가 잘되지 않았다면, 감정 조절에 미숙하다는 걸 조금이라도 느꼈다면, 하지만 이제부터라도 제대로 커뮤니케이션을 제대로 해 보고 싶은 마음이 생겼다면 대화 상대로부터 '데이터' 혹은 '팩트'를 얻는 데 만족하는 연습을 하는 건 어떨까요? '정보'를 얻겠다면서 자기의 편협한 해석을 동원하는 것을 자제하고 상대방의 말을 '있는 그대로' 받아들일 줄만 알아도 우리의 욱하는 횟수는 급격히 줄어들 수 있습니다.

섣부른 판단은 대화를 망친다

엄마: 숙제 했니?

아들: 해야죠.

엄마: '해야죠'라니? 지금까지 뭐 했는데!

아들 : ….

아들은 학교에서 집으로 돌아온 지 10분도 채 되지 않았습니다. 그런데 안방에서 나온 엄마에게 이런 말을 듣는다면 아들은 무슨 생각을 할까요? 왜 이런 일이 발생할까요? 엄마는 자기 방에 있는 아들의 모습만 보고 '지금쯤이면 학교에서 집으로 돌아와 한 시간은 지났을 시간인데?'라고 '해석'한 것입니다. 곧이어 '이렇게 놀면 안 되는데…'라는 자신만의 해석에 '정보'를 더하곤 욱해 버립니다. 그러니 입에서 나오는 첫마디는 꾸지람이나 타박일 수밖에 없습니다. 대화가 더는 진행될 수 없는 이유입니다.

자녀들도 모두 각각의 인격체입니다. 부모 자신과 다른 타인인 거죠. 그렇다면 대화 역시 어른과 소통할 때와 같은 정도의 세심함을 담아야 합니다. 아이의 말 한두 마디에 섣부른 판단을 내리기보다는 아이의 말을 우선 있는 그대로 받아들이려는, '데이터'로서의 말을 듣겠다는 자세가 필요합니다. '학교에서 온 지 얼마 안 됐으니 이제 해봐야지?'라는 아들의 생각이 "학교에서 온 지 10분이나 지났으니 이미 하고 있어야지!"라는 엄마의 판단에 흔들려서는 곤란합니다.

언젠가는 '팩트 위주'에서 더 나아가 발전된 방향으로서의 '감정 위주'의 대화가 이뤄져야 하는 건 맞습니다. 오로지 팩트만으로 대화를 이끌어 가면 지나치게 건조한 관계처럼 보일 수밖에 없으며 결국 서로 욱해서 감정싸움으로 번질 수 있기 때문입니다. 예를 들어 "시끄러워서 공부하기가 힘들어요"라고 말하는 학생에게 "도서관에서 시끄러울 것이 뭐가 있니?"라고 반응하기보다는 "시끄러워서 공부하기가 어렵다는 말이구나"라고 대답하는 선생님이 욱하지 않으면서도 대화를 대화답게 만드는 것이죠.

섣부른 판단을 자제하고 욱하는 감정을 조절할 수 있다면 이제 상대방의 감정을 읽어 내려고 노력할 차례입니다. 학창 시절 교육부터 사회인이 돼서까지 우리는 객관적 사실을 발견하는 커뮤니케이션만 배워 왔을 뿐 상대방의 감정을 읽어 내는 법은 특별히 배운 적이 없습니다. 그래서 대화 속에서 감정을 억지로 무시하기까지 합니다.

하지만 우리가 대화하는 이유는 뭘까요? 서로에게 중요한 존재가 되고 싶어서가 아닐까요. 팩트, 즉 사실 위주의 대화로는 이 욕구를 충족하기가 어렵습니다. 그러니 감정을 읽는 노력이 필요합니다.

다만 이 역시 일단 자신이 상대방의 말과 행동에 대한 선입견이 사라진 후에야 비로소 진행할 수 있는 과정입니다. 그러니 우선은 상대방의 말을 섣불리 판단해 왜곡해서 듣는 그리 좋지 않은 버릇부터 극복해 보는 것이 어떨까요? 그러다

언젠가 팩트 위주의 대화가 쉬워졌다면 바로 그때 상대방이 전하는 메시지를 감정까지 포함해 받아들이는 것에 도전해 볼 일입니다.

Check Point

있는 그대로 받아들이지 않고
상대방의 말을 해석하려는 순간
관계에 적신호가 뜬다.

05

마음의 상처가
욱하는 습관을
만든다

'사회 공포증(Social phobia, 소셜 포비아)'이라는 용어가 있습니다. 의미의 차이는 있겠지만 대인 기피증, 대인 공포증, 사회 불안증이라고도 불립니다. 다른 사람과 만나기를 꺼리고 회피하며 차라리 스스로 사회에서 격리되는 것을 선택하려는 증상이죠.

사회 공포증은 유전적 요인에서 비롯될 수도 있으나 증상이 생기기 이전에 사회생활을 하면서 축적된 트라우마에서 비롯되기도 합니다. 그 대표적인 원인이 누군가의 말에 마음에 상처를 받는 경우입니다.

누군가의 말 때문에 상처를 받는 사람을 보면 안타깝습니다. 우선 저부터 반성합니다. 저 역시 누군가에게 상처를 주는 말을 해 왔고, 지금도 의도치 않게 내뱉고는 하니까요. 물론 그 이상으로 누군가의 말에 상처를 받으면서 살아온 것도 사실입니다. 이렇게 우리는 말로 상처를 주고받습니다. 그 상처들이 모여 살아갈 의지마저 사라지게 만들며 결국 관계 자체를 포기하게까지 합니다. 이런 분들이 의외로 많습니다. 관계의 어려움으로 사회 공포증이 생긴 분들의 말을 들어 보면서 그들의 고통을 짐작해 보면 좋겠습니다.

"그와 대화할 때 저는 잘 들어 준다고 생각했습니다. 자기 마음의 깊은 곳에 자리한 고민을 털어놓는 그에게는 연민을 느낄 정도였으니까요. 하지만 시간이 갈수록 저를 향해 가시 돋친 말을 서슴지 않는 그를 보면서 견디기 힘들어하는 저를 발견했습니다. 이제는 그를 만날 때마다 긴장되고 심장이 빨리 뜁니다."

"사람의 타고난 듣기 능력은 변하지 않는 것 같아요. 유전이 아닌가 생각이 들 정도죠. 하지만 어렸을 때부터 말로 받는 폭력에 시달렸던 것이 시간이 축적되면서 견딜 수 있는 한계를 넘어 버리게 된 것 같습니다. 이제는 그 누구의 말도 듣기가 어렵습니다. 그래서 고립을 선택하게 됐습니다."

"상대방의 주제에 관심이 없음에도 어쩔 수 없이 반응해야 하는 제 처지가 한심하게 느껴집니다. 나와 관계없는 먼 나라의 이야기를 듣는 것 같으니 솔직히 집중해서 듣기가 힘들어요. 저와 별다른 교감도 없이 그저 떠들기만 하는 상대방을 바라보는 것도 힘든데 거기에 일일이 리액션해야만 하는 제가 불쌍합니다."

이런 아픔은 사실 한 개인이 스스로 짊어져야 할 질병도, 책임도 아닙니다. 저와 당신 그리고 우리 사회 모두가 함께 짊어지고 해결해야 할 과제입니다. 누군가와 관계를 맺는 것을 힘들어하고 누군가의 말투, 제스처, 눈빛 등을 신경 쓰느라 스트레스를 받는 사람들을 이해하고 도와주려는 노력이 필요한 때입니다.

"사람 눈을 마주 보는 것이 너무 힘들어요", "내 걸음걸이가 아무래도 이상한 것 같아요"라면서 타인이 자신을 어떻게 바라볼지 과도하게 신경 쓰고 두려워한다면, 그래서 결국 스스로 파멸로 이끄는 사람들이 생긴다면 얼마나 불행한 일인가요. 인간은 사회적 동물이라고 불릴 만큼 사회 활동이 삶에서 커다란 부분을 차지합니다. 그런데 누군가의 말로 인해 시작된 트라우마가 사회 공포증으로 악화돼 사회 활동에 지장을 준다면 그것만큼 안타까운 일이 없습니다.

일상의 소리를 가만히 들어 보라
마음의 여유가 찾아온다

사회적 책임을 여기에서 일일이 물을 이유는 없을 것입니다. 다만 개인으로서 우리가 사회 공포증을 이겨 내는 방법을 고민하는 것은 의미가 있습니다. 저는 이때 '믿는 것을 듣는 것' 대신에 '듣는 것을 믿는 것'에 집중하려고 노력해 보면 어떨까 조심스럽게 제안해 봅니다. 사실 사회 공포증 등은 한 사람의 섣부른 선입견에서 시작된다고 합니다. 잘 들어 보면 별것도 아닌데 들으면서 판단하고 또 생각을 확장하면서 자신을 스스로 괴롭힌다는 것이죠. 이는 왜곡된 판단으로 이어져 결국 소통을 오로지 감정적인 방향으로만 몰아 버립니다.

편견과 선입견에 영향을 받지 않고 팩트 그대로 듣기 위해서, 관계를 지켜 내기 위해서는 어떻게 해야 할까요? 하나의 방법으로 '일상의 소리에 귀 기울이는 것'을 권해 봅니다. 이는 누군가의 마음을 섣불리 읽으려 하기 전에 우리 주변에서 일어나는 소리에 귀 기울이면서 있는 그대로 받아들일 수 있도록 연습하는 방법을 말합니다.

일상에서 들리는 소리조차 듣지 못하면서 타인의 감정 섞인 말을 편견 없이 듣기는 힘듭니다. 그러니 누군가의 말에 상처받으며 대화를 망치지 않도록, 욱해서 관계를 훼손하지 않도록 일상의 소리에 귀 기울이는 훈련을 하는 것입니다.

소설 《그리스인 조르바》에서 주인공인 조르바는 지인에게 "끼고 다니는 책을 몽땅 불살라 버리세요. 대신 들풀, 빗물 그리고 들과 대화를 해 보세요"라고 권했답니다. 자연의 소리에 귀 기울이라고 한 조르바의 충고에서 힌트를 얻어 우리 역시 그동안 무시하고 있었던 소리에 귀를 기울여 보면 어떨까 합니다.

자연의 소리를 찾아 나서기 힘든 현대인이라면 평범한 일상의 소리를 여유롭게 들을 줄 아는 것으로도 충분합니다. 카페에서 사람들이 도란도란 이야기하는 소리, 지하철 문이 열리고 닫히는 소리, 아련하게 들리는 버스의 소음도 괜찮습니다. 그저 가만히 들어 보세요. 그리고 그 소리를 있는 그대로 받아들여 보는 것입니다. '시끄럽다, 소란스럽다' 이런 생각과 거리를 둬야 합니다.

여유롭게 일상의 소리에 귀를 기울일 줄 아는 사람은 나를 부정하는 다른 목소리가 들려도 '싸우자는 말인가?' 하고 생각하기 전에 여유를 갖고 판단할 수 있습니다. 이런 연습들이 모이고 모이면 편견과 선입견에서부터 비롯된 마음의 상처들도 조금씩 이겨 낼 수 있을 것입니다.

여전히 층간 소음에 의한 사건 사고가 끊이질 않습니다. 옆집에서 TV 소리가 시끄럽다고 해서 살인 사건이 발생했다는 사례가 그것입니다. 이 역시도 마음의 여유를 찾지 못한 채 욱하는 마음으로 세상을 바라볼 때 발생하는 참극입니다. 자신이 통제할 수 없는 소리에 무력감을 느끼고, 욕구의 좌절로 인해 욱하는 마음이 생겨서 상대방에게 보복하는 것입니다. 그렇게 스스로 자신의 인생을 망쳐 버리는 것이죠.

욱해야 할 때는 먼저 자신의 마음을 살펴야 합니다. '나의 좌절된 욕구가 도대체 무엇인가?'를 파악해야 욱함으로 인한 잘못된 선택에서 벗어날 수 있습니다. 마음의 상처를 보살필 줄 알아야만 욱하지 않고 또 욱함을 받지도 않게 된다는 걸 기억하고 있었으면 좋겠습니다. 이를 위해 먼저 무엇인가를 잘 듣는 연습, 사람의 소리가 힘들다면 일상의 소리라도 여유롭게 듣는 연습하기를 권해드립니다.

Check Point

상처받은 마음을 방어하기 위해
쉽게 욱하고, 피했던 관계를
일상의 소리로 이겨 낼 수 있다.

06

무례한 말에
휘말리지
않는 법

살면서 어려운 것 중의 하나는 사람을 대하는 일입니다. 타인의 마음은 정말 알 수가 없기 때문입니다. 알 수 없는 사람의 마음을 짐작하기만큼 어려운 것도 없습니다. 어제까지만 해도 전부 도와줄 것 같았던 사람이 오늘은 전혀 다른 이야기를 하고, 매번 인상을 쓰던 사람이 갑자기 이유도 없이 상냥하게 나를 대하니 도대체 갈피를 잡을 수가 없습니다.

대화는 상대방의 변덕에 대한 대비를 포함합니다. 상대방의 인격 문제가 아닙니다. 환경의 변화에 따라 상대방의 말이 자신의 예측을 벗어날 뿐이니까요. 상대방의 변덕은 그의 잘못이 아니라 세상의 이치니 잘 넘길 줄 알아야 합니다. 상대방으로부터 불쾌한 말을 들었다면 그의 몹쓸 인격 때문인지 확인하고, 특별히 그의 성격에 장애가 없다면 '그런가 보다' 하는 것이 좋습니다.

이런 여유가 없으면 결국 욱하게 됩니다. 분노는 정상적인 말과 행동을 방해합니다. "격렬한 분노는 불꽃보다 더 세다"라는 말처럼 몸과 마음을 모두 태워 버리는 욱함이라는 마음의 불덩어리를 다룰 줄 알아야 합니다. 잠시의 욱함이 그동안 쌓아 왔던 모든 것, 예를 들어 지위와 명예 심지어는 재산까지 한 번에 망가뜨릴 수 있기 때문입니다.

상대방이 존재하는 소통이란 어려운 것이 당연합니다. 이 평범한 사실을 인정하지 않고 '소통이 왜 이렇게 안 되지?'라고 흥분해서 욱하고 만다면 그건 소통의 기본을 모르는 것입니다. 오히려 누군가 자신에게 달콤한 말을 해 준다면 경계해야 합니다. '나에게 이렇게 좋은 말을 해 주는 사람이니까 믿어도 될 거야!'라고 안심한다면 순진하기만 한 사람임을 증명하는 셈입니다.

누군가의 말이 귀에 잘 들어오지 않을수록 들으려고 노력해야 합니다. 귀가 듣기 힘들어할수록, 듣기가 어려울수록 오히려 자기 성장의 계기로 삼아 보겠다고 마음먹는 것이 낫습니다. 반대로 상대방의 말이 달달하게 다가올 때야말로 조심해야 할 때임을 경계해야 합니다.

눈에는 눈, 이에는 이라지만
욱에는 욱으로 답하지 않는다

'내가 이렇게 잘하는데 왜 나를 알아주지 않는 거지?'
'나는 이렇게 진정성 있게 커뮤니케이션하는데 이 사람은 왜 이러지?'

자주 겪는 이런 상황은 지극히 정상적입니다. 물론 이런 말을 하면서도 안타깝긴 합니다. 세상에는 도대체 이유도 없이 생떼를 부리는 사람이 너무 많고 또 그런 말을 고스란히 들어야 하는 경우가 많기 때문입니다. 그런 이들의 말을 욱하지 않고 끝까지 들어 주는 것은 정말 힘든 일이기도 합니다. 당신이 커피 전문점에서 일하는 아르바이트생이라고 해 볼까요? 삐딱한 고객을 만나게 됐습니다.

고객: 커피 맛이 왜 이래요?
당신: 다시 뽑아 드릴게요. 죄송합니다.

고객: (혼잣말처럼) 여기 왜 이렇게 엉망이 됐지?

당신: 죄송합니다. 다시 만들어 드릴게요.

고객: 주인아저씨, 어디 있어요? 좀 불러 봐요.

당신: ….

이런 고객을 만나면 '내가 왜 이따위 사람에게 에너지를 낭비해야 하나?'라는 마음에 자괴감이 듭니다. 안타깝게도 그들이 '이따위'인 이유는 예상외로 단순합니다.

"그들은 그들이기 때문에 '그따위'일 뿐이다."

그들이 왜 그러는지에 온 신경을 쓰면 세상을 살기가 힘들어집니다. 상대방의 욱함에 휘말려 자신도 욱하기가 쉽습니다. 그렇다면 이런 상황에서 우리는 어떻게 대응해야 할까요? 3단계로 정리해 봅니다.

1단계: 무대응

세상에서 가장 강력한 대응은? 무대응입니다. 일상에서 분쟁이 생겼다면 일단 피하세요. 피하라고 하니 물리적 장소를 옮긴다고 생각할 수도 있겠으나 저는 도피를 말하려는 것이 아닙니다. 도피와 무대응은 다릅니다. 도피는 지금의 현실을 부정하는 것이지만 무대응은 담담하게 받아들이는 일입니다. 하지만 무대응에도 정도가 있습니다. 무대응으로 버티는 데 한계가 있다면? 어쩔 수 없습니다. 2단계로 넘어가야 합니다.

2단계: 상대방의 불만에 대한 공감과 인정

상대방의 불만에 반박하지도, 이유를 굳이 설명하려 들지도 마세요. 쉽게 욱해서는 곤란합니다. 그저 상대방의 불만을 반복하는 말로 대응해 보세요.

"이 커피는 매뉴얼대로 만들었는데⋯ 정말 맛이 이상해요?"
(×)
"맛이 이상하세요? 원두 추출 시간에 문제가 있었나 보네요."
(○)

상대방이 "이거 엉망이야!"라고 말할 때 그 말을 반복해 보세요. 이왕이면 "정말 엉망이네"라고 말해 버리는 것이 낫습니다. 상대방이 말한 것보다 더 강하게 상대의 불만에 동조해 버리는 것이죠. 상대방의 말에 욱하며 '앵그리버드'가 되는 대신에 상대가 말하면 그대로 따라 하는 '앵무새'로 변신해 보세요. 특별히 문제가 될 상황이 아니라면 '맞장구의 힘', 즉 상대방의 말에 대한 반복을 택하는 것입니다.

3단계 : 사과와 감사

사과와 감사는 반복할수록 좋습니다. 상대방이 무안할 때까지 해 버리세요. 그럼 이깁니다. 이기면? 그렇습니다. 결국 우리가 대화의 승리자가 되는 것입니다.

"처음부터 맛있는 커피를 뽑아야 했는데 죄송합니다."

"이번에는 괜찮다니 다행입니다. 덕분에 저도 더 좋은 커피 내리는 법을 배웠습니다."

"덕분에 원두를 다시 한 번 확인했습니다. 감사합니다. 제가 맛있게 다시 만들어 드릴게요."

"커피에 대해서 정말 잘 아는 분이신 것 같아요. 앞으로도 많이 말씀해 주세요."

상대방의 욱함에 대해 공감하고 또 수용한다면 상대방의 욱함은 어딘가로 사라지고 오히려 우리의 커뮤니케이션 주도하에 놓이게 됩니다. 어쩌면 똑같은 커피를 슬쩍 내놔도 상대방은 이렇게 말할지도 모르겠습니다.

"아, 이제 커피 맛이 제대로인걸요?"

욱하는 대신 잘 들은 당신, 감사를 표현할 줄 아는 당신이
진정한 승리자입니다.

Check Point

무례한 사람의 행동에 대처하는
세상에서 가장 훌륭한 솔루션은 무대응이다.

2장

침묵으로
소통하세요

: 판단을 미루는 대화의 기술

왜 욱하세요?

조용히
배턴을 넘겨야
대화가 이어진다

'관종'이란 '관심 종자'의 줄임말로 '타인에게 주목받고 싶어
하는 정도가 심해서 사람들의 관심을 끌려고 애쓰는 사람'을
일컫는 신조어입니다. 누구나 사랑하는 사람에게든, 가족에
게든 혹은 SNS상에서든 관심을 받고 싶어 합니다. 저도 마
찬가지입니다. 상사에게 믿음을 얻고 싶고, 아내에게 사랑받
고 싶으며 자녀들에게는 존경받기를 원합니다. 가끔은 이외
의 누군가로부터도 관심받기를 원하기도 합니다.

관종이 모두 잘못됐다고 몰아붙이고 싶지는 않습니다. 사
람은 누군가로부터 주의를 끌고자 하고, 사랑을 받고 싶으며,

믿음직한 사람으로 기억되고 싶은 마음이 있습니다. 이런 마음은 오히려 자기 자신을 채찍질해 무엇인가를 향해 노력하게 만드는 힘이 됩니다. 이런 노력을 통해 성과를 얻는 사람은 관종이 아니라 '인물, 영웅' 혹은 '멋진 사람'이라고 불려야 할지도 모르겠습니다.

관종에는 '좋은 관종'과 '나쁜 관종'이 있습니다. 좋은 관종은 관심을 모으는 이유가 자신만이 아니라 자기 주변, 즉 조직, 사회, 국가를 향해 있습니다. 갈 곳 없는 반려견을 보호하는 단체가 모금하는 행위, 정치인의 잘못된 행태에 촛불을 들고 시위하는 행위, 연예인이 무료로 공익적 광고에 출현해 사회 정의를 실천하는 데 도움을 주는 행위 등이 '좋은 관종'의 모델입니다.

문제는 나쁜 관종입니다. 나쁜 관종, 우리가 일반적으로 비웃는 대상으로서의 관종은 오로지 자신의 욕구를 해결하기 위해 극단적인 방법을 씁니다. 자신을 뽐내기 위해서 타인에게 피해를 주기도 하죠.

이들의 특징 중의 하나는 '말이 많다'는 것입니다. 가만히 있지 못하고 끊임없이 자기가 하고 싶은 말만 합니다. 이런 사람과 함께하면 몸과 마음이 피폐해집니다. 상대방을 비난

하거나 화를 내는 것만 욱하는 것이 아닙니다. 상대방이 말하는 중간에 무심코 끼어드는 것도 일종의 욱함입니다. 예를 들어 볼까요. 교사가 학생들에게 말하는 상황입니다.

"우리는 허심탄회하게 말할 수 있어야 합니다. 오늘은 학급이 잘 돌아가기 위한 개선 방안을 이야기해 봐요."

교사의 역할은 여기까지여야 합니다. 그다음에는 학생들에게 말할 기회를 넘겨야 합니다. 교사라면 교실 한구석에서 가만히 있겠다는 마음가짐이 필수입니다. 학생들이 하는 말에 참견하지 말아야 하는 것이죠. 자리를 비켜 주면 더욱 좋습니다. 그런데 이게 그렇게 어렵습니다. '편하게 이야기하라'고 자리를 깔아 놓고서는 서먹하던 학생들이 간신히 말을 시작하려고 하면 참견합니다. '관종답게' 말이죠.

욱하며 차오른 말을 참지 못하고는 "말을 끊어서 미안한데 여러분이 소통하는 데 힌트가 될까 해서…"라고 끼어듭니다. 학생들은 지칩니다. 선생님이 하고 싶은 대로 하라는 마음으로 입을 닫아 버립니다. 이런 단절의 모습, 과연 학교에서의 학생과 선생님 사이에만 일어날까요?

끼어드는 관종 짓만 줄여도
관계가 좋아진다

'왜 내 주변에는 사람이 없지?'

'내가 임원이어서 직원들이 말하기 어려워하는 걸까?'

'왜 우리 아이는 엄마인 나에게 적극적으로 이야기를 하지
못할까?'

아직도 이런 문제의 원인이 다른 데에 있다고 생각하시나
요? 당신의 끼어들기, 당신의 자기 자랑만 자제해도 사람들
이 몰려들 것입니다. 욱해서 끼어드는 '관종 짓'만 줄여도 소
통은 시작됩니다. 하지만 상대방의 말에 끼어들기를 일삼는
다면 관계는 무너질 수밖에 없습니다. 이런 예는 무수히 많
습니다. 사회의 수많은 곳에서 눈치 없이 끼어드는 사람들을
쉽게 볼 수 있습니다.

한 젊은 직장인의 말입니다. 불만을 편하게 털어놓으라는
상사가 있었답니다. 그래서 그동안 마음속에 담았던 얘기를
조심스럽게 꺼냈답니다. "팀장님, 예전에 저에게 하신 말씀
기억하세요? 그때 참 마음이 아팠습니다" 이때 그가 상사에
게 들은 대답은 "그건 어쩔 수 없다는 것쯤은 알 만한 사람이
왜 그래? 게다가 이미 오래전의 일 아니야?"였다고 합니다.

이렇게 되면 대화는 더 이상 불가능합니다. 지위 때문에 어쩔 수 없이 듣는 시늉만 한 것이 될 뿐 더는 대화의 의미를 잃게 될 테죠. 말하라고 해서 말했는데 괜한 모욕감만 잔뜩 드는 상황이 반복되면, 욱함을 표현하기 힘든 상황이라면 사람들은 아예 입을 닫아 버립니다.

이런 이야기를 들었습니다. 한국과 미국은 소통의 형식에서 차이가 크답니다. 예를 들어 어떤 자리에서 누군가가 말을 더듬거렸다고 해 볼까요? 한국 사람은 바로 참견한다는군요. 도와준다고 생각하면서 말입니다. 하지만 미국에서는 다른 사람이 말하는 중에 끼어들면 큰 실례라고 합니다. 도와주는 것이 아니라 더듬거리는 사람을 더 비참하게 만드는 모욕이라고 생각하기 때문입니다. 여러분은 어떤 태도를 택하시겠습니까?

다행인 점은 최근 들어 세상의 많은 리더가, 강자가, 갑(甲)이 소통의 중요성을 인식하고 배우고 또 실천하려 한다는 점입니다. 그래서일까요? 학생을 가르치는 교사가, 수많은 부하를 둔 리더가, 자녀를 둔 부모가 함부로 말을 자르고 끼어드는 일이 줄어들고 있다는 것이죠.

대화란 상대방에게 나의 여백을 주는 행위라는 말이 있습니다. 자신이 지닌 하얀 종이에 상대방이 마음껏 글을 쓰고 편하게 그림을 그리도록 두는 과정이라는 것이죠. 동의합니다. 그런데 이때 "아, 그림 그릴 때는 그 펜보다 이 펜이 더 쓰기에 좋아", "노란색도 좋지만 그래도 파란색이 보기 좋지 않아?"라고 끼어든다면 어떻게 될까요? 제대로 된 작품이 나올 수 있을까요? 아닙니다. 가치 없는 낙서만 남게 될 것입니다. 아는 체, 잘난 척, 자랑질, 이제 그만할 때가 됐습니다. 낄 때 안 낄 때만 잘 구별해도, 욱해서 참견과 간섭을 일삼지만 않아도 우리의 관계는 아름다워집니다.

Check Point

나쁜 관종이 되지 않는 것은 쉽다.
낄 때 안 낄 때만 잘 구별하면 된다.

02

콩깍지를
벗으면
대화가 풀린다

한 회사에서 '소통'이 조직 문화 개선의 최우선 순위가 됐습니다. 지나치게 오래 걸리면서도 무의미하게 반복되는 회의가 문제로 대두된 것이죠. 특히 회의가 리더 한 명의 일방적인 독백으로 시작하고 끝난다는 점이 지적됐습니다. 결국 처방이 내려집니다. '토킹 스틱(Talking Stick)'을 도입합니다.

토킹 스틱은 30센티미터 길이의 긴 구둣주걱같이 생겼습니다. 여기에 '토킹 스틱'이라고 적혀 있는데 회의 시간에 말하려는 사람은 토킹 스틱을 들고 있어야 합니다. 그래야 비로소 말을 할 기회가 주어집니다. 말이 길어지면 팔이 아플 것이고 그러니 용건만 간단히 말하게 되는 원리인 것이죠. 팔이 아플 때까지 말할 수는 없는 노릇이니 말하다 지치면, 아니 팔이 아프면 탁자 중앙에 토킹 스틱을 놓게 됩니다. 그리고 다른 사람이 이야기하는 것을 듣습니다.

토킹 스틱은 말하는 것을 줄이라는 일종의 경고입니다. 더 나아가 말을 멈추고 상대방을 관찰하라는 제안과도 같습니다. 관찰하는 일은 세상을 살아가는 데 필요한 삶의 미덕입니다. 관찰을 멈추면 대상과 멀어집니다. 멀어진 대상과는 부조화와 불협화음, 왜곡만이 남게 될 것이고요. 관찰이 없기에 애정이 없으며, 살펴보지 않기에 상대방의 본질을 모릅니다. 이런 상황에서는 자신도 그리고 상대방도 욱할 수밖에 없습니다. 관계는 나빠지고 사람은 멀어집니다.

제 주변이 삭막해진 이유를 찾아봅니다. 저 이외의 대상을 관찰하지 못하고 피상적으로만 스친 것이 이유가 아닐까 반성해 봅니다. 경쟁의 그늘에서 오직 저보다 더 잘난 누군가만 바라보느라, 그 누군가만 쫓아가느라, 그 누군가를 앞서가느라, 정작 제 주변에 있는 소중한 사람들을 관찰하는 것을 우습게 여겼습니다. 알지 못하니 무시했고, 듣지 않으면서 욱하기만 했습니다. 그렇게 부끄러운 어른이 돼 갔습니다.

판단을 멈추고
관찰을 시작해라

대학원에서 공부할 때 '현상학'이라는 학문을 알게 됐습니다. 인간의 의식은 '판단'이라는 기능을 속성으로 수반하는데, 현상학에서는 판단을 두고 오랜 기간 쌓여 온 온갖 '콩깍지(자신이 갖고 있는 신념)' 중에서 일부가 '작동(On, 온)'해 이뤄진다고 말합니다. 하여 현상학은 경계합니다. '우리가 제대로 세상을 파악하려면 세상을 구성하는 대상들에 대해 판단을 중지해야 한다'고 말입니다.

여기에서 '판단 중지'라는 개념이 등장합니다. 우리의 머릿속에 작동하는 '콩깍지'를 '끄는(Off, 오프)' 작업이 핵심이라는 말입니다. 콩깍지를 끄면 섣부르게 판단하지 않을 수 있습니다. 섣불리 말하지 않고, 오해하지 않으며 감정을 조절할 수 있습다. 한마디로 욱하지 않게 된다는 것이죠. 함부로 판단하지 않을 수 있어 대상과 관련된 온갖 콩깍지(선입견)로부터 해방되고, 점차 대상의 본질에 다가설 수 있습니다.

이제 다시 저 자신으로 돌아와 봅니다. '나는 과연 판단 중지에 익숙한가? 판단을 중지하고 누군가를 잘 관찰하는 것에 여유로운가?' 아닌 것 같습니다. 판단을 중지하기는커녕 섣부른 판단, 오로지 제 입장으로의 판단 등 결과를 스스로 결론

지으며 상대방의 말에 집중하지 못하고 있었습니다. 그래서 그동안 계속 관계에서 욱하고 또 실패하는 과정을 겪었나 봅니다. 다음과 같이 말이죠.

판단 중지 실패 → 관찰 실패 → 오직 내 할 말만 한다.

확신에 차서 정답을 빨리 내리는 사람이 있습니다. 이런 사람 중에는 똑 부러지게 일을 잘하는 사람도 있긴 합니다. 자기 능력에 대한 믿음이 강한 경우도 많아서 조직에서도 승승장구하기도 하고요. 그런데 이 중 몇몇은 지위가 올라가고 권력을 갖게 되면 사달을 내기도 합니다. 불통, 막말, 망언…. 자기만 잘난 줄 알고 부하나 자녀를 우습게 여기면서 함부로 욱해서 말하고 행동합니다. 솔직히 저도 그랬습니다.

'재승박덕(才勝薄德)'이라는 말이 있습니다. '재주는 뛰어난데 덕이 부족하다'라는 말입니다. 하지만 요즘 우리 주변의 모습들을 보면 '재주가 뛰어나다고 여기면 반드시 덕이 모자라다'로 해석해야 할 것 같습니다. 이런 사람들, 아니 저 같은 사람에게 바로 지금 필요한 인생의 기술이 '판단 중지'인 것입니다. 다음과 같이 말이죠.

판단 중지 성공 → 관찰 성공 → 서로 간의 대화

지위가 오를수록, 강자가 될수록 판단에 주저하는 사람이 되고 싶습니다. 함부로 상대방을 재단하며 거친 말과 행동을 표현하기보다는 판단을 중지하고 관찰하면서 감정을 조절할 줄 아는 사람이 되고 싶습니다. 물론 확고한 신념을 갖고 주장을 밀어붙여야 할 때도 분명히 있습니다. 하지만 세상 모든 진리를 독점한 듯한 태도, 함부로 욱하는 태도를 버리고 '판단 중지'라는 네 글자를 기억해 두는 것이 아름다운 관계를 설계하기 위한 최소한의 조건이 될 것입니다.

Check Point

일상에서 계속 나를 향해 오는 사람 그리고 사물에 대해
성급한 판단을 당장 중지할 것.

03

느긋하게
기다리는 사람이
최후의 승자

음악 프로그램에서는 가장 핫한 가수가 맨 마지막에 등장합니다. 다른 수많은 아이돌이 먼저 나와서 튀는 퍼포먼스를 하지만 최고로 인기 있는 가수는 프로그램의 맨 마지막에 우아하게 나타나는 것이죠. 그리고는 무대를 깔끔하게 끝맺습니다. 그들은 일찍 나오지 않습니다. 끝까지 기다리다 마지막에 나옵니다.

말도 마찬가지입니다. 마지막에 이야기하는 사람, 그가 강자고 그가 승자입니다. 그는 마지막 순간까지 많은 말을 하지 않습니다. 여유로운 '침묵 모드'로 시간을 보냅니다. 그러다 마지막에 입을 뗍니다. 대화를 마치 전쟁처럼 생각하며 흥분해서 서로 욱하고 상처 내는 '기 싸움'에서 그는 멀리 벗어나 있습니다. 그는 자신이 말할 순서가 가장 마지막임을 잘 압니다. 그러기에 다른 사람의 말이 끝날 때까지 기다릴 줄 압니다.

불과 수년 전만 해도 말을 먼저 하는 사람이, 말을 많이 하는 사람이 강자이자 승리자였습니다. 친구들과의 만남에서도 그 공간에서 말을 독점하는 사람이 분위기를 지배했습니다. 그러나 이제 말 많은 사람은 촌스럽다는, 꼰대스럽다는, 함께하고 싶지 않다는 취급을 받기 딱 좋습니다.

말을 독점하는 사람은 타인의 기분을 고려하지 않는 무례한 사람 취급을 받는 시대가 됐습니다. 진중하게 대화를 즐길 줄 아는 사람, 타인의 말에 미소로 바라볼 줄 아는 사람이 대접받는 시대가 왔습니다. 누군가의 말에 일희일비하지 않으면서, 절대 욱하는 모습을 보이지도 않으면서, 여유롭게 마지막을 기다리는 사람이 결국 이기는 사람입니다.

처음부터 말을 독점하려는 건 유치합니다. 중간에 말을 자르거나 끼어드는 것은 무례 그 자체입니다. 선전 포고도 안한 기습 공격에 성공하는 건 전쟁 영화에서나 가능한 일입니다. 대화의 장면에서 뜬금없이 입을 먼저 떼면 스스로 패망을 자초하는 것이나 마찬가지입니다. 말 한마디 해 보겠다고 자기 차례도 아닌데 "저요! 저요!" 하는 건 초등학생 때나 하는 어리광입니다. 어른이 돼서도 여전히 말하지 못해서 안달이 난 자신을 발견했다면 말버릇을 고치기에 앞서 세상에 쫓기듯이 사는 자기의 모습부터 되돌아보는 것이 어떨까요?

인내할 줄 아는 사람, 타인의 소리를 받아들이기 위해 안테나를 높이는 사람은 섣불리 대화에 끼어들지 않습니다. 대화가 소강상태에서 불이 붙었다가 정리가 되는 시점, 바로 그 순간에 나타나 카리스마 있게 한마디 할 뿐입니다. 다른 사람들의 말을 잘 들어 놨기에 그의 말은 부족함이 없습니다. 사람들이 말할 때 그에 대한 또 다른 사람들의 반응을 봤기에 실수도 적을 수밖에 없습니다. 결국 그가 대화의, 관계의 승리자입니다. 욱 한 번 하지 않았음에도 말입니다.

수매미는 바로 옆 수매미의 울음소리를 듣지 못한다

여름이 되면 매미들이 웁니다. 머리가 아프도록 창밖에서

울어 대는 건 수매미라고 합니다. 재밌는 연구 결과가 있는데, 그렇게 온 힘을 다해 울어 대는 수매미들이 정작 바로 옆에서 자기와 마찬가지로 빽빽 울어 대는 다른 수매미의 소리는 듣지 못한다는 것입니다. 자기 소리만 내는 데 정신이 없어서 옆에 있는 매미의 소리를 듣지 못한다니 우습습니다. '각자 인생', 아니 '각자 매미생'을 살아가는 그들에게 공존이란 없습니다.

제가 매미라면 마지막에 울 것 같습니다. 다른 매미들이 지쳐 쓰러질 때까지 놔두겠습니다. 주변 매미들의 소리가 잦아들 때까지 기다린 후에, 더는 힘을 내지 못하고 쓰러져 버린 다른 수매미들을 바라보며 콧방귀를 한 번 보내고 청아한 목소리로 '맴맴맴' 딱 세 번만 울겠습니다. 아마 '수매미가 그토록 원하는 무엇'쯤은 쉽게 얻어 낼 수 있을 것입니다.

J. B. 에인절은 1871년부터 1909년까지 미시간대학교 총장을 38년간이나 했다고 하는데, 그는 자리를 유지할 수 있는 비결에 대해 질문을 받았을 때 이렇게 답했답니다.

"나팔을 불려고 애쓰기보다는 안테나를 높이는 데 노력했습니다."

우리는 어떤가요? 혹시 말하려는 사람, 나팔을 불지 못해 안달 난 사람은 아닌가요? 말할 기회가 없다고 욱해서 말하다가 본전도 찾지 못한 경우가 비일비재했을지도 모릅니다. 이제 기다림에 익숙해지는 건 어떨까요? 나의 감정을, 나의 욱함을 드러내기 전에 안테나를 높이 세워서 다른 사람의 생각과 마음을 잘 파악하고자 애쓴다면 저와 당신은 언젠가 진정한 강자이자 승리자가 될 수 있지 않을까요?

Check Point

여름철 시끄러운 수매미들처럼
다른 사람들의 말소리에 섞이지 마라.
목소리를 높일수록 관계는 추락할 뿐이다.

04

적게 말해야
성공하는
사회가 온다

"경청하라는데… 너무 힘들어요. 상대방의 말에 집중이 안 돼요. 대신 자꾸 참견하게 돼요."

"중3 딸이랑 대화는 많이 합니다. 그런데 정작 엄마인 제가 듣는 중에 자꾸 다른 생각을 해서 애가 토라져요."

"사람 상대하는 일을 합니다. 고객 이야기는 열심히 듣는데 막상 집에 와서 가족의 말을 듣는 건 지쳐요."

'침묵'의 중요성을 알면서도 잘되지 않는다고 이처럼 하소연하는 사람들이 있습니다. 먼저 제 생각부터 말씀드려야겠습니다. 저는 이런 분들이 아름답습니다. 그들은 자신에게 무엇이 부족한지를 알고 있기 때문입니다. 알지 못하고 있음을 아는 것만큼 겸손한 사람이 있을까요? 저는 그들이야말로 진정 소통을, 관계를 잘 형성할 수 있는 분들이라고 생각합니다. 대부분의 사람은 자신이 뭘 잘못했는지조차 모르기 때문입니다. "나는 다른 사람의 말을 잘 듣고 있다고!"라며 욱하는 사람치고, "우리 부서는 내가 온 이후로 소통 지수가 높아졌다고!"라며 소리를 치는 사람치고 관계가 원만한 사람을 본 기억이 없습니다.

내가 말하는
절대량을 줄일 것

도로에서 옆 차와 접촉 사고가 났을 때 말을 교양 있게 하면 손해를 보고 보험료가 할증되는 곳이 우리나라라고 합니다. 이런 나라에서 자신의 말보다 타인의 말을 소중하게 여기려고 노력하려는 모습은 그 자체로 칭찬받아야 마땅합니다.

침묵할 줄 아는 사람이 진정 용감한 사람입니다. 경솔하지 않고, 겸손하며, 사회적 관계를 잘 이룰 준비가 돼 있는 사람입니다. 저는 우리 사회가 목소리가 큰 사람이 이기는 문화의 틀에서 벗어나기를 간절히 기원합니다. 대신 적게 말하는 사람이 이기는 사회가 되기를 바랍니다.

이렇게 말하는 저 역시 여전히 '누군가의 말을 잘 들어 주는 것에 100점 만점이다'라고 절대 말하지 못합니다. 오히려 잘 듣지 못하는 자신을 안타까워하기에 늘 부족함을 느낄 정도입니다. 하지만 저는 확신합니다. 몸을 낮추는 사람만이 남을 다스릴 수 있는 것처럼 적게 말하는 사람만이 타인의 존중을 얻어 낼 것이라고요.

개인적으로는 오늘도 내일도 조금씩 말을 줄이려고 노력하고 있습니다. 특히 대화의 현장에서 누군가가 말할 때 듣는 양을 말하는 양보다 극적으로 늘리기 위해 조심하는 중입니다. 혹시 '얼마나 자랑할 것이 없으면 말하는 양보다 듣는 양을 늘렸다고 스스로 대견하다고 하는 거야?'라고 비웃는 사람이 있을지라도 뭐, 어쩔 수 없습니다.

그동안 인간관계에서 실패한 경험을 되돌아보면 그 원인은 상대방이 말하는 양의 절대량보다 제가 말하는 양의 절대량이 훨씬 큰 데 있었습니다. 물고기가 항상 입으로 낚이는 것처럼 인간도 역시 입으로 걸리는 것임을 몰랐던 저의 과거가 아쉽습니다. 자존감이 가득한 사람만이 상대의 말이 끝날 때까지 기다렸다가 말할 줄 아는 것이기 때문입니다.

우리는 상대방을 존중하고 자신의 이야기를 할 수 있도록 배려하는 사람일까요? 스스로 영업 사원이라고 생각하고 아래의 문제를 풀어 보세요.

[문제]

고객을 진심으로 이해하고 존중하는 데 필요한 세일즈의 기법으로 가장 적절한 것은?

① 세상에는 공짜가 없음을 고객에게 인식시킨다.
② 호감 가는 사람이 되려고 노력하는 것은 부질없다.
③ 세일즈를 하는 사람은 고객보다 더 많이 알고 있다.
④ 말하는 양의 두 배로 들을 수 있어야 한다.
⑤ 자신의 상품을 자신 있게 소개하는 것은 겸손하지 못하다.

정답은 몇 번일까요? 오답부터 살펴보겠습니다. ①은 냉정합니다. 돈이 전부가 돼서는 곤란하니까요. 돈과 무관하게 인간적으로 가까워질 수 있다고 해야 제대로 된 세일즈입니다. 세상에 갑질이 넘쳐난다고 해서 ②처럼 호감 가는 사람이 되겠다는 노력을 포기해서도 안 될 일입니다. ③은 겸손하지 못합니다. 정보가 오픈된 세상에 고객이 세일즈를 하는 사람보다 더 많은 지식과 통찰을 지닌 경우는 흔합니다. 그렇다고 겸손이 지나쳐 ⑤처럼 자신이 파는 상품에까지 자신 없어 하

는 건 자신이 파는 상품에 대한 예의가 아닙니다.

　정답은 ④입니다. 1만큼을 말했다면 2만큼을 들을 수 있어야 합니다. 말의 양을 일률적으로 늘리거나 줄이기보다는 그 말의 양보다 최소한 두 배 이상 더 듣겠다는 각오가 필요합니다. 말을 줄이고 잘 듣는다는 것은 자기를 낮추는 것이 아니라 도리어 자기를 높이는 것입니다. 적게 말하는 사람이 앞으로 더욱 대접받게 될 것입니다. 목소리를 낮추는 사람이 성공하는 시대, 목소리만 큰 사람이 몰락하는 시대가 곧 오리라고 믿습니다. 아니 이미 왔다고 생각합니다. 이제 함부로 욱하며 목소리만 높이다가는 큰 봉변만 당합니다. 말을 자제하고 상대방에 집중하며 자신의 귀에 집중하는 사람이 세상을 리드하는 시대가 우리 눈앞에 와 있습니다.

Check Point

말하는 양을 두 배, 세 배로 줄이면
우리의 인간관계는 질적으로 네 배, 여섯 배로 좋아진다.

05

"널 위해서
하는 말이야"는
조언이 아니다

대화에 관한 책을 여러 권 썼으나 말하는 건 늘 어렵습니다. 수없이 많은 책을 봤고 수없이 많은 사례를 분석했으며 수없이 많은 강좌에 참여했지만 누군가에게 말을 하는 건 두렵고 조심스럽습니다.

저 자신에게 아쉬운 점이 있습니다. 대화의 과정에서 저는 해결책 제시의 대화에 익숙했다는 것입니다. 해답만 주면 대화의 목적은 달성된다고 착각하면서 상대방의 감정을 살펴보지 못했습니다. 상대방에게 문제 해결식의 조언을 해 주고 싶은 욕망을 참아야 했는데 말입니다.

어떤 사람은 누군가의 한마디로 인생이 좋은 방향으로 바뀌었다고 말하기도 합니다. 전문 분야에서라면 있을 수 있는 일입니다. 하지만 일반적인 대화에서라면 상대방에게 딱 맞는 조언을 하기란 불가능합니다. 오히려 내가 한 조언이 누군가에게는 상처로 남는 경우가 흔하죠. 이제 누군가가 조언이 필요하다고 요청하는 상황에서도 저는 섣부르게 목소리를 내려 하지 않습니다. '말을 안 하면 나의 존재감이 떨어진다'는 착각도 버린 지 오래입니다.

해결책 위주의 말 대신에 공감의 말에 익숙해지려고 노력하고 있습니다. 괜히 욱해서 흥분하는 것보다 차분히 상대방의 말에 공감해 주기만 해도 관계가 개선된다는 것을 깨달았기 때문입니다. 사람이란 존재는 신기합니다. 누군가가 자신의 말에 끄덕여 주기만 해도 스스로 자신이 나아갈 곳을 향해 찾아갈 힘을 갖고 있으니 말입니다. 대화가 늘 어긋나는 것 같다면, 상대방이 나의 말에 고개를 갸우뚱한다면 그것은 우리의 말이 너무 많은 경우거나 섣부르게 목소리를 낸 상황이라고 깨달아야 합니다.

자신과 타인의 감정을 정확하게 인식하고 적절하게 표현하는 감정 정보 처리 능력을 '감성 지능'이라고 합니다. 감성 지

능은 타인의 감성을 느끼고 이해하는 감정 이입 능력이라고
도 합니다. 이것은 타인의 감성에 적절하게 대처하고 관계를
조정할 수 있는 대인 관계 능력의 핵심이 됩니다. 이 능력은
공감 능력을 쌓아 올리지 않고는 절대 완성될 수 없다고 합
니다.

공감은 자신의 감정에 따라 바로 행동을 하는 것, 예를 들
어 욱하는 것을 자제하고 자신의 감성을 주어진 상황에 적합
한 방향으로 표현할 수 있는 자기 조절 능력으로서 대화의
출발점이자 종착점입니다. 어렵지 않습니다. 상대방의 말을
잘 들어 주고, 들은 말을 팩트로 삼아 상대를 이해하려 애쓰
는 마음가짐을 지니려고 노력하면 됩니다.

감성 지능이 부족하게 되면 말이 냉정해집니다. 냉정한 말
중에 '너를 위해서 하는 말이야'라는 것이 있습니다. 얼핏 보
면 선의가 담긴 표현 같으나 이는 상대방을 위한 말이 아니
라 상대방의 행동이 답답해서 내 마음이 편하고자 욱하며 내
뱉는 것에 불과합니다. 다들 이런 말을 들은 경험이 있으실
텐데요. 그들의 조언, 충고가 고맙기는커녕 짜증만 불러일으
켰던 경우가 많았을 것입니다. 저 역시도 누군가가 저를 향
해 '다 너를 위해서 하는 말인데…'로 말을 시작하면 긴장부터
하게 되니까요.

조언, 충고, 어드바이스란 무엇인가요? 이는 말하는 사람이 오직 자신의 경험에서 만들어진 데이터베이스에 따라 타인을 탓하며 이래라저래라 하는 것일 뿐입니다. 상대방을 주눅들게 하며 결과적으로 '나의 현재 상태가 좋지 않구나'라고 생각하게 만드는 것이죠. 상대방에게는 '나쁜 상태를 개선하려면 내 말대로 해'라는 강요로 느껴질 수 있습니다. 이런 말을 개운한 마음으로 즐겁게 받아들일 사람은 세상에 그리 많지 않습니다.

관계에도
안전거리가 있다

선부른 조언은 상대방의 생각에 대한 무례한 침범으로 작용합니다. 사람 간에 적절한 거리가 필요한데도 이를 무시하는 행동이 되는 것이죠. 각자에게는 저마다 사적인 영역이 존재합니다. 그만큼 지켜야 할 거리가 있다는 뜻입니다. 아름다운 관계를 맺고자 한다면 상대방과 자신의 거리를 계산할 수 있어야 하고 상대방의 영역에 대해 이해할 수 있어야 합니다.

문제를 한번 살펴볼까요?

[문제]

커뮤니케이션 상황에서 언어를 제외한 자극을 통틀어 '비언어를 통한 커뮤니케이션'이라고 한다. 다음 중 비언어를 통한 커뮤니케이션에 있어 '공간성' 혹은 '공간적 행위'를 설명한 것으로 가장 적절한 것은?

① '육체적 공간 거리를 어떻게 유지하고 어떤 의미를 부여하는가'에 대한 것으로 상대에 대한 친밀감이나 신뢰도와는 관계가 있으나 진정한 관심이나 흥미 및 태도를 반영하는 것은 아니다.

② '비언어를 통한 커뮤니케이션'의 유형 중 '공간적 행위' 이론에 의하면 개인적 거리는 80센티미터~1.2미터다.

③ '비언어를 통한 커뮤니케이션'의 유형 중 '공간적 행위' 이론에 의하면 사회적 거리는 45센티미터~80센티미터다.

④ '비언어를 통한 커뮤니케이션'의 유형 중 '공간적 행위' 이론에 의하면 대중적 거리는 1.2미터 이내다.

⑤ '비언어를 통한 커뮤니케이션'의 유형 중 '공간적 행위' 이론에 의하면 친밀한 거리는 0~45센티미터이다.

어려운 문제였습니다. 정답은 ⑤입니다. ①의 경우 공간 거리 역시 진정한 관심이나 흥미 및 태도를 반영합니다. 나머지 문항의 경우 ② 개인적 거리는 45센티미터~80센티미터, ③ 사회적 거리는 80센티미터~1.2미터, ④ 대중적 거리는 1.2미터~3.7미터입니다.

틀려도 됩니다. 다만 '사람과 사람 사이의 거리를 적절하게 지킬 수 있어야 한다' 정도는 꼭 기억해 두셨으면 좋겠습니다. 말하는 것, 듣는 것 그리고 욱하지 않는 것 모두 중요하지만 그만큼 중요한 공간 그리고 영역에 대해 한번 생각해 보는 계기가 되기를 바랍니다. 시간은 물론 공간도 고려하면서 상대방과의 대화를 반전시키려는 노력, 욱하지 않으면서도 누군가의 생각에 침범해 함부로 조언하고 싶은 마음을 자제하는 노력, 이런 것들을 고민하는 당신이라면 대화 그리고 관계에 있어 어려움을 겪을 일은 없으리라 믿습니다.

Check Point

그의 영역을 지켜 주며 곁에 있는 것이
섣부른 조언 한마디보다 더 힘이 된다.

06

줄일 줄을
몰라서
약자가 된다

대화는 영어로 '다이알로그(Dialogue)'입니다. 이 단어의
어원은 그리스어의 'διά(다이아; 통하여)'와 'λόγος(로고스;
말)'라고 합니다. 흥미로운 것은 이 단어가 처음에는 주로 '독
백'을 의미했다고 합니다. 대화의 어원이 독백이라는 건 생각
해 볼 만합니다. 독백이 옳은 대화법이라는 말이 아닙니다.
과거에는 대화의 주체가 힘을 가진 자의 전유물이었을 것이
라는 점에 초점을 맞춰야 합니다. 말하고 싶으나 힘이 없는
사람은 혼잣말이나 중얼거리면서 자신의 안타까움을 해소했
으리라 추측해 봅니다. 말할 수 있다는 것은 힘을 가진 사람

의 권한이었던 셈입니다.

홍길동은 말하지 못해서 아버지를 떠났습니다. 홍길동은 조선 시대에 '서자(庶子)'였는데 당시에 서자라는 신분은 자신의 아버지를 아버지라고 부르지도 못했나 봅니다. 재능이 뛰어났으나 신분적 한계에 좌절한 홍길동은 아버지와 집을 떠나는데 그때 '호부호형(呼父呼兄)'이라는 말과 함께 "아버지를 아버지라 부르지 못하고 형을 형이라 부르지 못하니 제가 어찌 떠나지 않을 수 있겠습니까?"라며 아쉬움을 토로했습니다.

약자는 말하려 하고
강자는 줄이려 한다

강자가 말하고 약자는 들어야만 하는 비극은 가까운 과거까지 그래 왔습니다. 하지만 지금은 다릅니다. 이제 약자도 자유롭게 말할 수 있게 됐으니까요. 수백 년, 어쩌면 수천 년 동안 말하지 못했던 설움이 폭발해서인지 지금은 '말의 과잉 시대'일 정도입니다. 과거에는 말하는 사람이 권력자였기에 우리에게는 '말하지 않으면 피권력자'가 된다는 생각이 각자의 DNA에 새겨져 있었는데, 그 한스러움이 지나치게 많이 말하는 것으로 폭발하고 있는 건 아닌지 추측해 봅니다.

여기에 새로운 문제가 발생합니다. 말을 할 줄만 하고, 들을 줄은 모르게 됐습니다. 그동안 묵묵히 듣고만 있어야 했던 우리에게는 '침묵하는 사람은 곧 약자'라는 생각이 마음에 가득하기 때문일 것입니다. 듣고 있다는 건 약자임을 인증하는 셈이라고 판단하기에, 말하는 순간에 자신이 강자라고 느껴지기에 사람들은 오로지 말하는 데만 신경을 쓰고 말을 하지 못하면 쉽게 화를 냅니다.

'내가 왜 듣고만 있어야 해!'
'듣자 듣자 하니까 정말⋯'
'내가 입이 없어서 말을 안 하는 줄 알아?'

어떻게 말해야 하는지에만 관심이 있어서 그런지 침묵은 이제 '상대방에 대한 대단한 배려' 혹은 '나 자신의 처절한 인내'가 돼 버렸습니다. '침묵'을 '복종하고 있음'으로 치환해 생각하는 마음이 강해지면서 우리는 많은 걸 놓치게 된 것입니다. 듣지 않으려는 시대가 되다 보니 말하지 못하게 됐다고 욱하는 사람들이 많아졌고, 이제는 거꾸로 잘 들을 줄 아는 사람이 진정한 승자가 되는 경우가 흔합니다.

미국 카네기 연구소는 사회에서 성공하는 경우의 80퍼센트가 인간관계에서 결정된다고 보고하면서 이때 그 인간관계의 핵심에는 듣기가 있다고 강조했습니다. 이는 최소한 표면적으로는 이미 우리가 관계적 평등을 이뤘음에도 불구하고, 말하기에만 몰두하고 듣기를 소홀히 해서 발생하는 문제점들을 간접적으로 지적한 것이라고 볼 수 있겠습니다. 쉽게 욱하지 않고 잘 들으면서 침착하게 관계를 이어 나가는 사람이 성공이라는 키워드에 가까워진 것입니다.

'이청득심(以聽得心)'.

'상대를 존중하고 귀 기울여 경청하는 일은 사람의 마음을 얻는 최고의 지혜'라는 뜻인데 한 기업체의 CEO가 신년사에서 강조한 말이라고 합니다. 듣기를 머리에 떠올리면 그저 약자가 감내해야 하는 그 무엇으로만 생각했던 저에게는 강자일 수밖에 없는 한 회사의 대표가 이런 말을 했다니 신선하게 느껴졌습니다. 그리고 듣기야말로 권력자의 표상임을 깨닫게 됐습니다.

세상의 약자가 오히려 더 말이 많아지는 시대가 됐습니다. 약자는 한마디라도 어떻게든 해 보려고 애씁니다만, 진짜 힘있는 자는 이제까지 충분히 말해 왔기 때문에 이제는 양보다는 질을 높여 가려고 노력합니다. 욱하지 않고, 흔들리지 않으면서 미소를 얼굴에 보이며 여유롭게 말하는 사람, 이런 사람이 강자로 인정받는 시대가 된 것입니다. 앞으로 우리 시대 강자의 개념은 다음과 같이 정의 내려도 괜찮겠습니다.

'강자(强者): 섣불리 말하지 않는 사람'.

'미련한 보통 사람'은 여전히 이를 모를 것입니다. 오직 자기중심적인 인간의 특성 그 하나만을 붙들고 자신의 말만 하기 위해 오늘도 어딘가에서 온 힘을 다하고 있을 것입니다. 누군가의 말을 들으려 하지 않고 상대방의 말을 중간에 끊어버리고는 쾌감을 느낄 것입니다. 욱한 감정 가득 담아 자기 말만 쏟아내고는 만족할지도 모르겠습니다. 위태로운 인간관계가 그의 앞에 있다는 걸 모른 채 그는 '진짜 약자'로 전락합니다. 줄이지를 못해서, 줄일 줄을 몰라서.

Check Point

무조건 말하는 양을 줄인다고 모두가 강자가 될 수는 없다.
적재적소에 중요한 말을 할 수 있어야 한다.

수다쟁이 중에는 우울증에 걸린 사람이 드물다

소통은 힘듭니다. 왜일까요? 그냥 들어 주면 될 뿐인데 말입니다. 소통을 힘들어하는 사람의 말을 들어 보면 자기 말만 하는 상대방이 문제라는 것을 알 수 있습니다. 직장 상사와, 부모님과, 친한 친구와 대화할 때 모두 에너지를 소진해 버리는 것이죠. 이런 이야기를 듣게 됐습니다.

"경청! 중요하다고 그러더라고요. 하지만 하루하루 바쁘게 살기도 힘든데 저와 전혀 관계없는 고민을 들어 주고 있어야 한다거나, 저는 잘 알지도 못하는 누군가를 욕하는 상대방을 보고 있어야 한다거나, 도대체 언제 끝날지 모를 자기 자랑을 늘어놓는 사람들의 이야기를 듣고 있어야 한다는 건 진이 빠지는 일이었습니다."

그 사람이 특히 힘들어했던 것은 상대가 오직 자신의 말만 하고 끝나는 경우였습니다.

"상대의 말이 끝나고 내 이야기를 시작할 수 없는 상황이 특히 힘듭니다. 내 이야기가 상대방의 말 한마디로 좌절당할 때의 패배감은 트라우마로 남을 정도입니다. 언젠가 제가 직장에서 받은 상사의 괴롭힘을 친구에게 하소연했습니다. 그런데 그 친구는 아무렇지도 않게 '네가 아직 진짜 힘든 걸 몰라서 그래. 일단 어떻게든 버티면 돼'라면서 자기는 이렇게 저렇게 했다더라고요. 자랑인지, 충고인지, 지적인지 자기 말만 해 대는데 정말 질렸어요."

갈등이 없다고요?
'권위적 소통'일 가능성 큽니다

말 많은 사람 중에 소통이 안 된다고 괴로워하는 사람을 본

적이 있는지요? 드물 것입니다. 많이 듣는 사람 중에서 소통이 힘들다고 하는 경우가 많습니다. 이상합니다. 말하는 사람과 듣는 사람이 느끼는 괴리가 왜 이리도 큰 걸까요?

말하는 사람은 자신의 말이 옳다고 생각합니다. 그래서 욱하고 차오르는 생각들을 주체하지 못해 쏟아 내고서는 자신의 말을 듣는 상대방에게 대단한 일을 하고 있다고 여깁니다. 착각도 이런 착각이 없습니다. 그것을 들어 줘야 하는 사람에게 불통의 과제를 고스란히 떠안기는 셈이니 일종의 해악을 저지르는 것이나 마찬가지입니다.

"부하와 갈등이 없다고요? '권위적 소통'일 가능성 큽니다."

이런 제목의 기사를 본 적이 있습니다. 내용은 대략 이랬습니다. 직장 생활에서 주로 누구와 갈등을 겪는지 물었는데 '예상대로' 상사와 갈등을 겪는 비율이 가장 높았답니다. 재밌는 점은 하급자에서 상급자로 올라갈수록 부하 직원들과의 관계를 갈등으로 생각하지 않는 비율이 높았다는 것입니다. 좋은 관계를 유지한다고 생각하는 비율이 하급자보다 상급자가 압도적으로 높았다는 것이죠.

상사 스스로 권위적으로 부하와 소통한다는 사실을 모르고 있었다는 사실, 소통이 잘된다고 스스로 만족하고 있었다는 연구 결과를 보면서 착각에 빠진 리더들의 모습이 눈앞에 보이는 것만 같아서 헛웃음이 나왔습니다. 직장에서의 상사와 부하 관계만 이럴까요? 저는 이렇게 말씀드리고 싶습니다.

부모용: 자녀와 갈등이 없다고요? '권위적 소통'일 가능성 큽니다.

교수용: 제자와 갈등이 없다고요? '권위적 소통'일 가능성 큽니다.

코치용: 선수와 갈등이 없다고요? '권위적 소통'일 가능성 큽니다.

당신이 제자를 둔 학생이라면, 자녀를 둔 부모라면, 한 스포츠 팀을 맡아서 책임지는 감독이라면, 한 회사의 리더라면 이제 자신의 말만 하려는 태도를 반성하고 스스로 변화하려고 노력해야 할 때입니다. 누군가와 대화할 때 아무런 문제도, 갈등도 없었다면 오히려 절대 긴장해야 합니다. 일방적 소통의 성공을 자축하려는 우매함에서 벗어나야 합니다.

자신이 '권위적 소통'에만 능한 사람은 아니었는지 확인할 줄 알아야 합니다. 그동안 갈등이 없던 것이 아니라 갈등이 생겼는데도 무시했던 것은 아니었는지, 내 말만 쏟아 내고 상대방의 수용 여부에는 관심도 없는 사람이었던 것은 아닌지 되돌아봐야 합니다.

갈등이 없었다고요? 갈등 없음을 기뻐하기 전에 앞뒤 꽉 막힌, 권위적인 사람이 바로 자신이 아니었는지 되돌아볼 때입니다.

Check Point

평소에 스트레스를 잘 받지 않는다고 느껴진다면
지난 대화를 돌이켜 보자.
나 또한 누군가에게 무례하게 쏟아내는 사람이었을지 모른다.

08

비워야
비로소
채울 수 있다

말하지 않으면 안 된다는 불안감에 '아무 말 대잔치'를 벌이는 경우가 많습니다. 말이 말 같으면 그나마 낫습니다. 한 영화의 대사처럼 "말이야 막걸리야?" 소리가 절로 나오는 경우가 너무나 허다합니다. 타인에게 말 같지 않은 말을 쏟아내며 말이라고 우기는 이유 두 가지를 알아보겠습니다.

첫째, 말을 안 하면 자신이 무시당할지도 모른다고 착각하기 때문입니다.

결론부터 말하면 걱정하지 말라고 말씀드리겠습니다. 욱해서 쓸데없는 말을 하는 경우가 해야 할 말을 하지 않아서 문제인 경우보다 수만 배 이상 많다는 걸 기억해 두셨으면 합니다. 이래라저래라 하면서 자신의 위치를 계속 확인하고 싶은 욕망이 '말이 아닌 막걸리'를 입에서 튀어나오게 만듭니다. '말하지 않고 가만히 있으면 나를 우습게 보지 않을까?'하는 생각은 자신의 역량이 부족한 데서 나오는 순간적인 방어기제일 뿐입니다. 괜한 말 한마디 하려고 애쓰기보다 근본적인 실력을 기르는 것이 낫습니다.

이렇게 말하고 있으나 저 역시 반성합니다. 욱하는 마음에 말이 앞서 나간 경우가 흔했기 때문입니다. 타인의 말을 좋게 받아들이기보다는 조금만 이상해도 저에 대한 의심 혹은 인신공격으로, 혹은 사생활 염탐으로 여기고 대들었습니다. 더 나아가 제가 생각하는 저 자신의 권위, 제가 알고 있는 지혜에 대한 위협으로 느끼고는 울컥하기까지 했고요. 결국 욱해서 말이 험하게 오고 가게 한 경우가 꽤 됩니다. 부끄럽습니다. 늦었으나 이제부터라도 그러지 않기 위해 조금씩 개선해 나가고 있습니다.

둘째, '말을 하지 않는다'라는 것, 그 자체의 어려움 때문입니다.

사냥꾼을 머릿속에 그려 보시죠. 사냥꾼은 사냥감을 잡는 바로 그 순간이 가장 힘들까요? 아닙니다. 그 사냥감을 쫓고, 사냥감을 찾아서 적당한 거리에 위치하고, 그 사냥감이 주위를 경계하지 않고 여유롭게 먹이를 먹을 때까지 기다려야 하는 시간이 더욱 괴로울 것입니다. 사냥꾼은 자신이 사냥감의 입장이 돼 보려고 정신적인 에너지를 소모하기까지 해야 합니다. 가만히 기다린다는 것은 그만큼 어려운 일입니다. 말역시 마찬가지입니다.

말을 하지 않는다는 것은 기다리는 일입니다. 기다린다는 것은 자신의 에고(Ego)를 통제하는 일이기도 합니다. 에고란 자아(自我)를 뜻하며 세계와 구별된 행위와 인식의 주체로서의 자신을 말합니다. 당연히 사람이라면 누구에게나 에고가 있습니다. 하지만 에고가 세상 밖으로 표현될 때 자기의 이익만을 꾀하고 타인의 이익은 염두에 두지 않으려는 태도가 문제를 일으킵니다. 진화론의 관점에서야 인간의 자아는 기본적으로 이기주의니 이를 인정해야 하겠으나 이 이기주의 역시 타인과의 공존을 전제로 하지 않는다면 사회적 관계 속에서 용납될 수 없습니다.

말을 줄이는 것은 자신의 이기적인 본성을 줄이려는 태도입니다. 이런 노력은 세상 그 누구에게도 만만한 일이 절대 아닙니다. 하지만 진정한 소통을 원하는 당신이라면 스스로 에고를 줄일 여유를 가져야 합니다. 자신의 에고를 줄일수록 상대방으로부터 얻을 수 있는 것들의 총량이 급격하게 늘어날 수 있으니까요. 자기의 이기적인 본성을 통제하기 시작하는 순간 우리는 타인을 담아낼 수 있는 내면의 공간을 충분하게 넓힐 수 있게 됩니다.

진정한 소통을 원한다면
비울 줄 알아야 한다

에이치알(HR, Human Resource, 휴먼 리소스) 분야에서 뛰어난 성과를 거두고 임원까지 지낸 사람의 이야기를 들은 적이 있습니다. 그는 자신의 조직이 최고의 성과를 내기 시작한 순간은 자신이 부하 직원을 향해 지시와 명령 대신 질문과 듣기를 일상화하기 시작한 때부터였다고 말했습니다.

"사실 저는 강압적 명령에만 익숙한 사람이었어요. 팀장에서 이사로 승진해서도 마찬가지였죠. 하지만 스스로 '아, 이게 아니구나!'라고 반성하게 된 순간이 있었습니다. 나를 외면하고 회피하는 부하 직원들을 느끼면서부터죠. 충격이었습니다. 다짐했습니다. '힘들겠지만 나부터 바꿔야겠다'라고 깨달은 후 친절한 언어로 설명하려고 노력했습니다. 특히 현장에 있는 젊은 친구들에게 질문을 아끼지 않았고, 그들의 대답에 대해 겸손하게 그리고 적극적으로 수용하려는 모습을 보여 주기로 했습니다. 그때부터 제가 맡은 조직 전체를 둘러싸고 있던 문제가 하나둘 해결되기 시작했습니다."

그는 특히 현장에서 고객을 제일 먼저, 그리고 제일 많이 접촉하는 사람들의 경험과 지혜 속에 조직이 성공할 수 있는 솔루션이 있다는 걸 뼈저리게 느꼈다고 말하면서 이런 물음을 던졌습니다.

"현장 직원들과 커뮤니케이션 하면서 가장 힘든 과정이 뭘 것 같아요?"

저는 '말하지 않는 직원에게 말하도록 유도하는 것, 질문하는 방법, 설명하는 스킬' 등을 말했습니다. 하지만 그의 대답은 달랐습니다.

"아닙니다. 상대방이 말을 시작하면 그가 말을 끝낼 때까지 침묵하는 태도랍니다."

침묵한다는 것은 자기를 비우는 태도입니다. 물론 누군가가 말을 끝낼 때까지 침묵한다는 것은 아무나 할 수 있는 일이 절대 아닙니다. '비움, 비움, 비움…' 말들은 많지만 자기를 비운다는 것은 자기를 낮춘다는 겸손이기에 쉽지 않습니다. 하지만 자신을 성장시키기 위해서라도 침묵 그리고 비움의 태도에 관심을 두는 것이 좋습니다. 저 자신부터 되돌아봅니다. '나를 비우는 것, 타인의 말이 끝날 때까지 기다리는 것, 이렇게 하는 데 충실했던가?' 솔직히 말해서 그렇지 못했습니다. 그리고 깨달았습니다.

'그렇구나. 그래서 나의 관계는 늘 이 모양이었구나.'

Check Point

상대가 말을 끝낼 때까지
기다리고 또 기다리는 자에게 복이 있나니!

3장

듣는 것에
집중하세요

: 침착함을 기르는 대화의 기술

왜 **욱**하세요?

관계는
들어 주는 것에서
시작된다

친구들과 저녁 식사를 했습니다. 식사 내내 대화의 주제는 한결같았습니다. 자녀에 관해서였습니다. 자기의 아이가 얼마나 공부를 잘하고 얼마나 예의 바르며 얼마나 인성이 좋은지를 뽐내는데, 꼭 경연 대회 같았습니다. 식사가 끝나고 자리를 옮겨 카페에서도, 호프집에서도 같은 이야기가 이어졌습니다. 집에 돌아왔는데 피로가 몰려왔습니다.

무작정 지치고, 무작정 피곤했습니다. 그때 깨달았습니다. 내가 좋아하고 기뻐하며 흥미롭게 여기는 주제가 아닌, 다른 사람들이 즐겨 하는 소재의 이야기를 들어 주는 데는 상당한 에너지가 든다는 것을 말입니다. 그날 자기 자녀들 이야기를 하느라 속된 말로 '정신 줄을 내려놨던' 몇몇 친구는 저의 피곤함을 모를 것입니다. 누군가와 소통을 함께할 수 있는 능력은 말하기보다 듣기에 포인트가 있다는 것을 그들은 그 이후에 알게 됐을지 궁금합니다.

부부 관계, 자녀와의 관계, 친구 관계, 직장에서의 문제 등에 조언해 주고 문제를 해결하기 위해 함께 노력하는 일이 직업인 사람들이 있습니다. 상담을 업으로 삼고 사는 분들이죠. 대단합니다. 누군가의 말을 들어 준다는 것이 만만치 않은 일임을 알기 때문입니다. 지금이야 이렇게 말하지만 저역시 '들어 주기의 가치'를 우습게 봤던 때가 있었습니다.

오래전의 일입니다. 그때 저는 이런저런 일로 정신적 피로감이 극에 달한 상태였습니다. 불면증에 시달려 무기력하게 하루하루를 보냈습니다. 결국 한 심리 상담소를 찾았습니다. 상담이 시작됐습니다. 저의 어려움을 털어놓기 시작했는데 상담자는 고개를 끄덕이며 듣기만 했습니다. 예정된 한 시간의 상담은 생각보다 금방 지나가더군요. 상담자가 다음 회기를 약속하는데 뭔가 아쉬웠습니다. 상담소에서 나와서는 괜한 돈을 썼다는 느낌에 '뭐 이리 비싸? 한 시간에 10만 원? 에

잇, 이 돈으로 친구랑 술 마시며 이야기나 할걸!'이라며 후회했습니다. 상담 과정에서 상당 부분 해소가 된 저의 피로감에 대해서는 '그냥 영화관에서 영화를 봐도 이 정도 효과는 있을 것 같은데'라며 과소평가했습니다.

지금은 상담자의 노고를 대수롭지 않게 생각했던 저의 철없음을 단단히 반성합니다. 누군가의 말을 있는 그대로 들어 주는 것만큼 자신의 에너지를 쓰는 일이 얼마나 어려운 일인지를 이제 알기 때문입니다. 오로지 자신의 상처만 드러내는 내담자의 말을 듣는 것, 무작정 자신이 옳다고 말하는 내담자의 하소연에 귀를 기울이는 것, 답답한 마음에 욱하기도 할 텐데 차분히 들으면서 고개를 끄덕이는 것은 상담자의 정신적 에너지를 극도로 소모하는 일일 것입니다. 그만큼 듣는다는 건 어려운 일입니다. 그렇다면 듣기란 과연 무엇일까요. 아래의 빈칸을 한번 채워 보겠습니까?

듣기란_____이다.

어떻게 정의했는지 궁금합니다. '듣다'의 사전적 의미는 '남의 말을 올바르게 알아듣고 이해함', '사람이나 동물이 소리를 감각 기관을 통해 알아차림', '다른 사람의 말이나 소리에 스스로 귀 기울임' 등이라고 합니다. 하지만 저는 조금 다르게 정의를 내리고 싶습니다.

듣기란 '일정한 대가를 받아야 비로소 할 수 있는 것'이다.

자신의 관심사와 별 관계도 없는 누군가의 말에 귀를 열고 들어야 하는 것은 일종의 고통스러운 작업입니다. 그러니 누군가의 말을 들어 주는 사람은 반드시 그 대가를 받아야 하는 것이고요. 물론 듣기에 있어 돈이 오고 가는 관계가 있을 수도 있습니다. 순수한 인간관계의 인연, 즉 좋은 친구나 사랑하는 연인 혹은 혈연으로 맺어진 자녀와 부모 사이 등일 것입니다. 하지만 자신과 아무런 관계도 없는 사람의 말을 굳이 주의 깊게, 잘 들어 줘야 할 이유는 없습니다. 별다른 관계도 아닌 사람에게 자신의 말을 들어 달라고 강요하는 건 폭력적 행위입니다.

우리는 서로 들어 줄 수 있기에 관계를 맺고 또 관계를 유지할 수 있습니다. 그렇다면 나쁜 관계란 무엇일까요? 상대방의 말을 들어 주지 않는 관계일 것입니다. 일방적으로 한쪽이 듣고 한쪽은 말하는 경우야말로 최악의 관계입니다. 좋은 관계라면 서로의 말을 아낌없이 들어 주는 데 거리낌이 없어야 합니다. 상대방이 무엇을 원하는지 관찰하고 그의 말에 귀 기울여 듣는 것은 상대방에 대한 존중을 전제한 사랑과도 같습니다.

가끔 후배들로부터 이런저런 상담 요청을 받습니다. 그럴 때 저는 "맛있는 밥이나 좋은 차 한 잔은 살 거지?"라고 되묻습니다. 후배에게 지나친 거 아니냐고요? 글쎄요. 누군가의 말을 들어 주는 것, 자신의 영혼을 소진하는 행위일 수 있는데 '공짜로' 해 주는 것이 맞을까요?

겉보기에 멀쩡한 상담사들의 상당수가 정기적으로 우울증으로 입원하거나 통원 치료를 받고 있다는 것이 공공연한 비밀임을 아는지 모르겠습니다. 이런 얘기를 들은 적이 있습니다. 한 놀이공원에서는 하루 종일 고객을 상대하는 직원들에게 기숙사를 배정할 때 1인실을 배정해 준다고 합니다. 왜 그럴까요? 쉴 때만이라도 누군가의 말에서 벗어나 귀를 편안히 하라는 기업이 해야 할 '당연한' 배려이기 때문 아닐까요?

당신의 말만 하실 거라면
정중히 거절하겠습니다

'잘 들을 줄 아는 힘'이야말로 인간관계를 제대로 맺고 확장하는 최고의 스킬입니다. 하지만 그렇다고 해서 제가 늘 누군가의 말에 무작정 귀를 기울이기만 하는 건 아닙니다. 오히려 잘 듣기 시작하면서 '과연 이 사람의 말을 내가 잘 들어줄 필요가 있는가?'를 고민하게 됐습니다.

그래서 이제는 자기 말만 하는 사람은 일단 거르고 봅니다. 제가 만나고 싶지 않은 1순위 인간형이 대부분 그러한 사람입니다. 아무리 맛있는 밥을 사 준다고 해도, 아무리 품질 좋은 와인을 쏜다고 해도 상대방이 나의 말을 들어 줄 줄 모르는 사람이라면, 오직 자신의 말에만 몰두하는 인간이라면 저는 이제 그런 만남은 정중히 거절합니다. 혼자 집에서 라면 끓여 먹으며 외로워 죽는 한이 있더라도 그런 사람들과는 만나고 싶지 않습니다.

물론 저와 같은 사람이 있으니 반대로 이를 역이용할 수도 있겠습니다. 예를 들어 윗사람, 고객, 어르신, 기타 갑의 위치에 있는 사람들은 끊임없이 자신만의 과거를 회상하고 거기에서 교훈을 일깨워 주겠다며 당최 말을 끝내지 않을 때가 많습니다. 이때 꾹 참고 들어 줄 능력만 있다면 그들에게 당신은 최고의 인간이 될 수 있지 않을까요? 오직 그들의 말을 잘 들어 준다는 것 하나만으로 말입니다. 하지만 안타깝게도 그에 대한 스트레스는 온전히 당신의 몫이니 신중하게 선택하기를 바랍니다.

Check Point

누군가에게 절대 만나고 싶지 않은 사람이 되고 싶다면
듣기를 거부하고 자신의 말만 할 것.

02

인내는
좋은 영화를 만들고
좋은 대화도 만든다

영화 〈비포 선라이즈〉와 〈비포 선셋〉 그리고 〈비포 미드나 잇〉으로 이어지는 '비포' 3부작으로 유명한 리처드 링클레이 터 감독이 만든 또 하나의 작품이 〈보이후드〉입니다. 영화는 6살 소년 메이슨이 18살까지 자라나며 겪게 되는 크고 작은 에피소드들로 구성돼 있습니다.

놀라운 사실이 있습니다. 12년의 세월을 담고 있는 이 영화 가 실제로 12년 동안 조금씩 찍어 완성한 작품이라는 점입니 다. 링클레이터 감독은 2002년부터 매년 약 15분 분량씩 영 화를 찍었다고 합니다. 어떻게 끝을 낼 것인지 방향성도 없이 찍고 나면 그다음을 생각하고 그다음에 찍고 나서는 또 그다음을 생각하고, 그렇게 매년 조금씩 큰 그림을 완성했다는 것이죠.

주연 배우들 역시 12년이라는 세월 동안 변함없이 〈보이후드〉 속 배역을 지킵니다. 그 긴 세월의 기다림은 저 같은 평범한 사람의 눈에는 대단하게 보일 뿐입니다. 기발한 아이디어이자 쿨한 도전이지만, 감독에게도 촬영이 길고 지루하고 힘든 과정이었을 것입니다. 링클레이터 감독은 2014년 〈미주중앙일보〉와의 인터뷰에서 이렇게 회고합니다.

"제작비 지원이 끊기면 어쩌나, 투자자들이 기다려 줄 수 있을까, 배우들이 하차하면 어쩌나 등 걱정이 많았다. 프로젝트의 끝은 저 멀리 있는 듯했고 모든 것이 모호했다. 절반이 지나면서부터는 '이제 거의 다 왔다'는 생각에 모든 과정이 한결 수월했다."

12년 동안 영화의 총 촬영 일수는 39일이었다고 합니다. 한 해에 모든 배우와 스태프가 사나흘 정도씩만 만나는 셈입니다. 일정 분량을 촬영하고 다시 헤어져 각자의 일을 하는 식이었습니다. 그렇게 2014년 영화가 개봉됐고 전례 없는 참신함을 가졌다는 평론가들의 호평을 받으며 평가 점수 100점을 맞습니다. 국내 영화 전문 기자 그리고 평론가들 사이에서도 만장일치에 가깝게 최고의 평점을 받았음은 당연합니다.

좋은 대화를 붙잡는
1퍼센트의 기다림

한 영화를 두고 이렇게 장황하게 설명한 이유가 있습니다. 영화 한 편을 만들기 위해 12년을 기다렸다는 데서 우리의 욱하는 감정을 조절할 수 있는 비결을 찾아냈기 때문입니다. 1년 중 촬영을 진행한 3일의 시간은 365일의 1퍼센트도 안 되는 기간입니다. 1년이 무르익기를 기다려 고작 3일만 촬영하고 또 1년을 기다리는 모습에서 대화와 관계에 필요한 하나의 화두, 감정 조절 전략을 배울 수 있었습니다.

내 앞의 누군가가 36.5분 동안 이야기한다고 해볼까요. 그런데 우리는 그가 말을 끝내고 나서야 2,190초(36.5분×60초)의 10분의 1인 21.9초만 말하고 또다시 36.5분 동안 듣기만 해야 한다고 생각해 보시죠. 30여 분 동안 말하는 상대방을 앞에 두고 오로지 듣기에만 집중하다가 20여 초를 나눠 아껴가며 대답하는 사람이 될 수 있을까요?

대화 전체의 1퍼센트 정도를 말하기 위해 긴 시간 상대방의 말을 듣는 태도에는 인내가 담겨 있습니다. 긴 시간 동안 인내하며 상대방의 말을 들을 수 있는 사람은 자신의 감정을 다스릴 수 있습니다. 자신의 감정을 다스릴 줄 아는 사람은 쉽게 욱하지 않고 대화를 이어 나갈 수 있을 테고요. 욱하지 않고 대화하는 법은 별게 아닙니다. 인내하며 잘 들어 주는 것, 오직 그뿐입니다.

대화란 대단한 변화를 가져올 계기가 되는 큼직큼직한 몇 가지 키워드로 구성되는 것이 아닙니다. 그보다는 상대방의 말을 순간순간마다 집중해 주는 인내가 오히려 전부일 수도 있습니다. 자기 이야기를 하고 싶은 욕구를 스스로 절제하면서 상대방을 존중하는 듣기에 애쓰는 것은 그 자체로 위대한 소통법입니다. 100분을 말하는 상대방 앞에서 1분을 말할 줄 아는 사람이야말로 말에 실려 오는 상대방의 본질을 알아내는 위대한 무기를 지닌 셈입니다.

영화 〈보이후드〉는 마지막 장면의 명대사로도 유명합니다.

"그런 말 있잖아. 이 순간을 붙잡아야 한다고. 그런데 난 거꾸로인 것 같아. 우리가 순간을 붙잡는 것이 아니라 순간이 우리를 붙잡고 있는 거야."

거창한 말로 상대방을 잡으려고 애쓰기보다 상대방의 말을 진지하게 듣는 태도가 바로 '순간이 우리를 붙잡고 있는' 세상의 이치를 아름답게 받아들이는 자세가 아닐까요? 상대와 관계를 맺고 싶은 마음인 '관심(關心)'을 지닌 후 상대의 마음을 잘 보려는 마음인 '관심(觀心)'을 마음에 담는다면 누군가의 말을 잘 듣는 것도, 누군가의 말에 욱하지 않는 것도 어려운 일은 아닐 것입니다.

한 오케스트라 지휘자가 새로운 단원을 뽑는 기준에 대해 말한 것이 기억에 남습니다.

"스펙이 비슷한 두 사람이 있다면 잘 듣는 사람을 뽑겠다."

예술에 문외한인지라 음악은 천재들의 영역이라고만 저는 생각했습니다. 제가 지휘자라면 일단 연주를 잘하는 사람을 뽑을 것입니다. 하지만 이미 음악계에 몸을 담고 있는 사람들은 달랐습니다. 듣기 능력이 연주 능력 그 이상으로 중요함을 잘 알고 있는 것이죠.

오케스트라는 연주자 개개 능력의 단순 합계가 아니라 서로 듣고 서로 보며 함께하는 것임을 지휘자는 잘 알고 있었던 것입니다. 오케스트라는 소리의 조화가 우선입니다. 자기가 맡은 영역에 충실하면서도 타인의 소리에 귀를 활짝 열고 조화를 이룰 수 있어야 하는 것이죠. 연주 기술의 역량 이전에 듣기 능력이 중요한 이유입니다. 다른 사람의 소리를 잘 듣기 위해 기다릴 줄 아는 사람이 돼야 한다는 것, 멋진 연주를 위해 다른 연주자의 소리에 귀를 기울일 줄 알아야 한다는 것, 우리의 일상이나 예술의 영역이나 살아가는 모습은 모두 비슷했습니다.

Check Point

상대방이 100을 말하면
99를 듣고 오직 1만 말한다.

듣기 능력을
기르면
대화가 편해진다

들으면 기분 나쁜 말이 있습니다. 저의 경우에는 누군가가 저를 함부로 규정지으려 드는 말이 가장 싫습니다.

"넌 너무 조용해. 그렇게 살아서 세상 살 수 있겠어?"

"자유로운 영혼이지? 아니긴, 그렇게 보이는데."

"예전에 많이 놀아 봤지? 딱 보면 알아."

"딴 생각하는 거 같은데? 맞지?"

이런 말들은 '당신은 이렇다. 그래서 문제다'라는 구조를 갖습니다. 설령 그 내용이 틀리지 않았더라도 이렇게 말하는 사람과는 대화를 그만하고 싶습니다. 실제로 마음의 상처로 남는 말들이기도 합니다.

상대를 바꾸려는 말, 상대가 어떻다고 규정하는 말 등은 듣기에 짜증스럽습니다. 더 화가 나는 것은 그렇게 말하는 사람들치고 누군가의 말을 잘 들어 주는 경우가 거의 없다는 점입니다. 대부분이 타인의 말에 귀 기울이지 않고 자기 마음대로 판단하기에 상대방을 욱하게 만듭니다. 그러다가 상대방이 욱하면 왜 자신의 말에 흥분하냐고 하면서 같이 욱합니다.

'듣기'란 무엇입니까? '듣다'의 사전적 의미는 "화자(話者; 말하는 사람)가 음성 언어로 표현하는 것의 의미를 이해하는 기능"입니다. 화자가 표현하는 의미를 이해한다는 것은 상대방이 말하는 바를 이해하는 것입니다. '상대방이 말하는 바를 이해', 아무래도 어렵습니다. 어떻게 해야 듣기를 잘한다는 말을 들을 수 있는지 모호합니다.

듣기를 '상대방의 말을 이해한다'라는 의미에서 더 나아가 일종의 방법론으로 이해하면 어떨까요? 즉 듣기란 '마음가짐'이 아니라 '기술'이라고 생각하는 겁니다. 상대방의 말에 귀 기울이는 '마음가짐', 상대방의 말을 폭넓게 '이해하기' 등 추상적으로 보는 관점에서 벗어나 '방법'이라 여기는 것이죠.

　'마음가짐'으로서의 듣기라면 듣기를 잘하는 방법으로 "고정관념을 버려라", "상대의 이야기를 진심으로 들어라" 등의 말밖에 할 수 없습니다. 하지만 '기술'로서의 듣기라면 다릅니다. "상대방의 표정이나 몸짓 등을 관찰하라", "질문에 대해 우선 공감부터 시작하라" 등 구체적인 방법론을 스스로 찾아낼 수도 있을 테니까요.

　방법이기에 배울 수 있습니다. 훈련해서 습득할 수 있는 것이죠. 듣기를 상대방의 말에 쉽게 흥분하지 않을 수 있는 기술로 활용하는 것입니다. 상대방과 눈을 맞추고 그의 이야기에 동의를 표하며 적절하게 끄덕이고, 필요하면 대화의 분위기를 흥미롭게 만드는 추임새인 감탄사를 이용하는 등으로 말이죠.

　물론 기술로서의 듣기라고 해도 여전히 어려운 것은 사실입니다. 누군가와 눈을 맞추고 상대방의 말을 들으면서 적절하게 끄덕이고 또 적절하게 감탄하는 것이 얼마나 힘든지, 상대방의 말에 욱해서 반박하고 싶은 것을 참는 것이 얼마나 힘든지 느끼는 순간이 수없이 다가옵니다. 이렇게 하는 것도 한두 번이지 세 번, 네 번씩 반복해야 하는 상황이라면, 게다가 상대방의 말이 지루하기 이를 데 없거나 도대체 흥미가 생기지 않는 경우라면 그 자리에 있기조차 고역입니다.

게다가 우리는 특별하게 듣기 교육을 받은 기억도 없습니다. 자신의 주변에서 누군가의 말을 잘 들어 주는 사람을 본 적도 없고요. 그러니 도대체 어떻게 해야 잘 듣는 것인지도 모르는 경우가 대부분입니다. 그렇다고 해도 쉽게 포기하지 않았으면 합니다. 쉬운 방법부터, 할 수 있는 훈련부터 해 보는 것이 좋겠습니다.

단순한 마음가짐만으로는 듣기란 실패로 끝날 가능성이 큽니다. 아무리 말하고 싶은 마음을 억눌러도 입을 열 기회를 호시탐탐 노리는 본능이 발동해 제대로 듣기가 되지 않는 것이죠. 오로지 마음만으로 듣기를 해 보려 하다가는 결국 기분에 취하거나 분위기에 휩쓸려 잘못된 결정을 하거나 욱해서 다른 사람과 시비가 붙는 등의 결과를 가져올지 모릅니다.

참고로 욱하는 경우는 대부분 긍정적 자극보다는 부정적 자극에 쉽게 반응한다고 합니다. 즉 이성이 아닌 감정이 앞서는 경우에는 외부 정보의 선택과 판단에서 자기에게 유리하고 긍정적인 면만 보려고 하고 불리한 것에 대해서는 감정이 격해지게 됩니다. 이렇듯 마음만으로는 욱하는 감정을 제어하기 힘드니 구체적인 훈련을 통해 연습을 해야 하는 것입니다.

예를 들어 평소에 상대방의 말을 30초간 듣는 연습부터 해 보는 것은 어떨까요? 잘되면 1분으로 늘리고 더 잘되면 10분 간 오직 듣는 것입니다. 노력 없이 오직 상대방을 이해하겠다는 마음가짐만으로 잘 듣겠다는 다짐은 무모하다는 걸 기억하면서요.

잘되지 않는다면 대화를 할 때 자신이 말한 시간 그리고 들었던 시간을 메모장에 적어 두는 것도 괜찮겠습니다. 이렇게만 한다면 듣기는 고칠 수 없는 습관이 아니라 제대로 훈련하면 상대방과 나, 모두가 편해질 수 있는 기술이라는 걸 곧 알 수 있지 않을까요?

8초에서 8분, 8분에서 80분까지

사람은 청각을 자극하는 정보 가운데 특정 정보에 대한 처리 능력에만 집중할 수 있다고 하는데, 이를 '주의(Attention)' 라고 합니다. 이는 외부의 환경이나 개체로부터 받은 자극 중 특정한 것에만 반응하는 마음의 선택적, 집중적인 활동입니다. 하지만 인간의 주의력은 한계가 있습니다. 언젠가 시간상의 한계에 대해 들은 적이 있는데 그 내용이 흥미로웠습니다.

아래의 문제를 풀어 보시죠.

[문제]

인간은 한 사물에 대략 얼마 동안 주의를 지속할 수 있을까?

① 50분
② 33분
③ 7분
④ 8초

정답은? ④ '8초'랍니다. 인간이 한 사물에 주의를 지속할 수 있는 시간은 고작 8초라는 것이죠. 이를 우리의 듣기와 연관지어 볼까요? 듣기는 주의를 지속하는 일입니다. 그런데 우리의 듣기 집중력은 8초가 한계라면 8초 이상 듣기를 계속 유지한다는 것은 만만치 않은 일입니다. 8초 이상 듣기에 집중하려는 당신은 과장해서 말하면 인간의 한계에 도전하는 것이죠.

졸업식장에서 교장 선생님이 학생들에게 훈화를 할 때, 주례 선생님이 신랑 신부와 하객들에게 주례사를 할 때 기억에 남는 말이 있는지 모르겠습니다. 제가 고등학생 때 들었던 교장 선생님의 말씀, 제가 결혼식장에서 주례 선생님의 말씀 중에 이 두 마디만 기억에 남아 있습니다.

"오늘은 세 가지를 말씀드리겠습니다."
"제가 몇 가지 당부를 하고자 합니다."

모두 8초 이내입니다. 느릿느릿 말씀하시는 경우가 많으니 대략 8초쯤인 것도 같네요. 교장 선생님, 그리고 주례 선생님에게 죄송하게도 저 또한 듣기 집중력이 8초인, 지극히 정상적인 인간이었습니다. 이를 통해 다른 하나를 깨달을 수 있습니다. 듣기 능력은 그냥 놔두면 안 된다는 것, 즉 훈련이 필요하다는 말이죠. 넋 놓고 있으면 절대 상대의 말을 제대로 들을 수 없습니다. 누군가가 이렇게 묻더군요.

"상대방의 말을 들으려고 했어요. 그런데 불과 1분도 안 돼서 상대방의 말이 귀에서 아른거리다 결국 들리지를 않습니다. 듣기, 너무 힘듭니다. '다시 들어야지' 마음잡고 몇 분 있으면 다시 입만 뻥긋거리는 상대방만 보일 뿐입니다. 듣기, 왜 잘 안 되는 겁니까?"

이렇게 대답했습니다.

"그건 당신이 사람이라는 증거입니다. 단 조금 더 나은 사람이 되고 싶다면 조금씩 듣기에 집중하는 시간을 늘려 보세요."

Check Point

사람들은 나의 말을 '잘 들어 주는' 사람과
관계를 맺고 싶어 한다.

04

들리지
않아서
들으려 했다

"주의 깊게 들었을 뿐입니다."

한국계로 미국 나사(NASA)의 최고위 간부가 된 사람이 있습니다. 입사 후 30년 가까이 돼야 오를 수 있다는 나사의 최고위직에 19년 만에 올랐다고 합니다. 그는 한 언론사와의 인터뷰에서 자신의 성공 비결을 '듣기'라고 했습니다. 누군가의 말을 잘 들음으로써 자신의 인간관계를 키워 나갔고 그것이 성공으로 이어질 수 있었다고 말했습니다.

듣는다는 것은 인간관계를 만드는 데 말하기만큼, 아니 그 이상으로 중요합니다. 일상적인 대화를 할 때 상대방의 개인적인 이야기를 잘 듣는 것은 정보를 획득한다는 측면은 물론 상대방의 자존감을 높이기 위해서도 중요합니다. 오해가 없으니 서로 욱할 일도 없을 테고요. 하지만 누군가의 말을 끝까지 듣는다는 것이 말처럼 쉽지가 않습니다. 인내심이 없이는 불가능한 태도이기 때문입니다.

들리지 않는다면 반성하고 감사하라

나사에서 성공한 그는 어떻게 주의 깊게 들을 수 있었을까요? 비결은 간단했습니다.

"수준급 영어를 구사할 수 없었어요. 영어가 잘 안 되니 주의 깊게 듣는 일에 더욱 집중할 수밖에 없었습니다."

'잘 들리지 않아서 들으려 했다'는 그의 말로부터 삶을 살아가는 방법을 배웁니다. 한국에서 대학까지 졸업하고 미국에 간 그에게 영어는 하나의 장벽이었을 텐데 그는 그 장벽을 오히려 디딤돌로 삼아 성장했습니다. "하나의 귀로 듣는 것보다는 두 개의 귀로 듣는 것이 더 잘 들린다"라는 말처럼 그는 한 귀로는 한국어를, 다른 귀로는 영어를 들었던 것은 아닐까 싶습니다.

그의 솔직함이 멋있었습니다. 다른 사람의 말을 잘 들으려고 듣기를 시작한 것이 아니라 잘 들리지 않아서 듣기 시작했다니. 소탈한 그의 모습이 보이는 것만 같습니다. 거기에 의사소통을 힘들어하는 대신 듣기를 자기 일상의 습관으로 만든 겸손함과 그 겸손함을 자기를 비하하는 데 소모하지 않고 성장의 계기로 삼은 모습이 아름답습니다. 이분의 이야기에서 두 가지 교훈을 얻을 수 있습니다.

첫째, 상대방의 말이 잘 들리지 않는다면 일단 반성한다.

둘째, 상대방의 말이 잘 들리지 않는다면 더 잘 들을 수 있는 계기로 삼을 수 있음을 감사해한다.

저를 되돌아봅니다. 첫째, '반성'에 관한 문제입니다. 상대방의 말이 잘 들리지 않는다면 "도대체 이게 무슨 말이냐"라면서 욱하지 말고 우선 자신의 지식을 확인해야 합니다. 물론 어렵습니다. 음악을 하던 사람이 갑자기 IT 분야의 이야기를 듣게 된다면 당연히 IT 용어는 들리지 않는 것처럼 말이죠. 시간을 두고 개선할 수밖에 없습니다.

이와는 달리 그동안 누군가의 말을 들을 생각이 없어서 잘 듣지 못하고 있었다면 이건 우리가 극복해야 할 과제로서 지금부터 당장 고쳐야 합니다.

그렇다면 듣지 못하는 것은 게으름에 관한 문제일 수도 있겠습니다. 상대방을 대하는 우리의 잘못된 태도에 관한 문제라는 것이죠. 상대방을 우습게 여겨서 들을 생각이 없다면 당연히 듣는 데 게을러집니다.

솔직히 저 역시 마주한 상대방을 존중하는 데 익숙하지 못했습니다. 누군가의 말이 잘 들리지 않을 때 "잘 안 들려!"하고 욱해서 윽박지르기만 했습니다. 대화를 이어 나가기 어려웠고 오해와 다툼도 꽤 불러일으켰던 기억이 납니다.

듣기 역시 노력이 필요한 삶의 태도라는 것을 망각했던 것은 어쩌면 몰랐던 것에서 비롯된 문제가 아니었나 싶습니다. '청각'이 좋다고 '듣기'를 잘하는 것이 아님을 몰랐습니다. 피상적으로 상대방의 말을 들었고 또 그 말에 대해 멋대로 판단하고 생각과 다르면 욱해서 화를 내던 사람이 바로 저였습니다.

둘째, '감사'에 관한 것입니다. 누군가의 말이 잘 들리지 않는다면 욱해서 분노하기 전에 우선 감사부터 하는 것이 좋겠습니다. 나와는 다른 경험을 지닌 상대방이 또 다른 세상을 만나게 해 주는 데에 대한 감사인 것이죠. 한 연구에서는 잘 듣는 사람이 조직에서 더 높은 직급으로 올라간다고 밝혔습니다. 생각해 보면 저의 직장 상사들은 대부분 저의 말을 잘 들어 줬던 것 같습니다. 그래서 그들은 지금 '저 높은 자리'에 있는 것 같고요. 저는 그러지 못해서 지금 제 자리에 있는 것 이겠죠.

그래도 이제야 알았으니 다행이라고 생각합니다. 저는 이제 상대방의 말이 잘 들리지 않을 때마다 누군가의 경험을 접하게 됨에 감사하기로 결심했습니다. 상대방의 말이 잘 들리지 않는다고 무작정 좌절하거나 분노하기 전에 잘 안 들리기에 더욱 집중하는 저를 찾아내려고 노력하려 합니다. 이것만 잘 실천해도 인생의 끝에 '진정한 승리자'로서 편한 웃음을 지을 수 있지 않을까요?

누군가의 말이 잘 들리지 않는다면 '상대방의 말을 잘 듣지 못하고 있다는 반성'과 함께 '타인의 경험을 함께할 수 있게 됨에 대한 감사'를 떠올려 보시죠. 미국 나사의 최고위 간부에 오른 한국계 인사가 자신의 성공 비결이 잘 듣지 못하는 자신을 반성하고 자신의 상황에 감사하는 것에서 시작됐다고 한 것처럼 말입니다. 그러려면 이제부터 상대방의 말에 집중하고 경청하는 습관을 들이는 것이 좋겠습니다.

Check Point

상대방의 말이 잘 들리지 않는다면
무작정 화내지 말고 일단 반성할 것.
그리고 감사할 것.

05

잘 듣기만 해도
관계의 문이
열린다

경청이 힘든 사람 1 (44세, 여성)

"잘 들으라는데 그게 안 됩니다. 상대방의 말 하나하나가 머릿속에서 혼란스럽습니다. 상대방이 한 말의 이유를 생각하느라 정신이 없고, 상대방의 말이 옳은지 그른지 판단하느라 머리가 하애집니다. 상대방의 이야기를 잘 들어야 공감도 할 수 있다던데 저도 모르게 상대방의 이야기를 마음으로 듣지 않고 머리로만 듣고 있어요. 세 아이의 엄마인데, 특히 사춘기에 접어든 첫째 아이와는 갈등도 심하고 툭하면 큰소리가 납니다."

경청이 힘든 사람 2 (23세, 여성)

"한 친구가 있습니다. 이 친구(인지 원수인지!) 덕분에 진정한 경청이란 무엇인지, 대화란 무엇인지에 대해서 진지하게 고민해 보게 됐습니다. 이 친구는 말할 틈만 나면 자기 자랑을 다채롭게 선보입니다. 처음에는 그렇게 심하지 않았는데 언젠가부터 유독 저한테만 다른 사람들에게 말 못하고 참아 왔던 모든 자랑을 해 댑니다. 듣기, 중요하죠. 하지만 이 친구 이야기를 듣고 있자면 과연 '내가 이러고 있는 것이 맞나' 하는 생각이 듭니다. 대화는커녕 그냥 일방적인 독백을 듣고 있는 제가 처량합니다. 질문이 있습니다. 상대방의 '독백 같은 대화'에도 경청해야 하나요?"

경청이 힘든 사람 3 (32세, 남성)

"한 대학교 동창은 만나면 늘 자기 힘든 이야기만 하면서 무작정 들어 달라고 합니다. 술을 마시면 그 정도가 더합니다. 짜증스러운 건 내가 똑같이 하면 '너 술 취한 거 아니야?'라면서 무시합니다. 또 자기는 나에게 아무 말이나 막 하면서 내가 무슨 말만 하면 '넌 너무 직설적이야!'라며 타박을 합니다. 제 말에 상처받았다면서 저보고는 성격이 꼬였다고까지 합니다. 이 친구와는 도를 닦는 마음으로 만납니다. 제가 문제일까요?"

듣기란, 이렇게나 힘듭니다.

잘 말하는 것보다
잘 듣는 것이 더 어렵다

다른 사람의 이야기를 진지하게 들어 주는 경청의 태도는 우리가 몸으로 하는 최고의 찬사입니다. 사람들이 의사소통에서 진정으로 원하는 것은 자기 말을 유심히 들어 주고 존중해 주며 이해해 주는 것이기 때문입니다. 하지만 이렇게 잘 들어 주는 사람을 찾기가 어렵습니다. 오로지 말하기만 하려는 사람만 세상에 가득합니다. 의사소통은 설득이 핵심이고 설득은 듣기에서 비롯되는데, 사람들은 이를 잊어버리고 자신의 견해와 감정 표현을 최우선으로 두느라 소통을 엉망으로 만듭니다.

'귀명창'이라는 말을 들어 보셨는지요? 판소리를 즐겨 듣는 사람들 가운데 애호가 수준을 넘어 소리에 대한 정확한 이해와 지식을 바탕으로 소리를 제대로 감상할 줄 아는 능력을 지닌 사람'을 가리키는 말입니다. 판소리를 하는 것은 몰라도 판소리를 듣는 것에 관해서 만큼은 고수의 반열에 오른 사람인 것이죠. 귀명창은 단순히 자신만 즐기고 판소리에 대한 식견을 높이는 것에서 그치지 않는다고 합니다. 궁극적으로는 판소리의 발전에 도움이 되는 역할을 하는데 이는 문학에서 소설가와 괜찮은 평론가의 관계처럼 기능합니다.

귀명창이 명창에게 긴장을 주고 또 판소리를 발전하게 만드는 것처럼 듣기 역시 자신뿐 아니라 말하는 사람에게 힘을 더하며 소통이 이뤄지는 관계를 만듭니다. 듣기는 무작정 수동태가 아닌 적극적인 능동태이며 듣는 자신과 말하는 상대방이 성장할 수 있도록 기회를 주는 도구입니다. 물론 '귀명창'이 되기 힘든 것처럼 우리의 듣기 연습 역시 만만치 않은 것은 사실입니다. 사실 우리 주변에는 잘 들어 준다는 의미의 경청은 커녕 '그냥 듣는 것'조차 못하는 사람이 너무나 많습니다.

혹시 이런 말을 들어 본 적이 있는지 모르겠습니다.

"너는 말을 잘 들어 줘서 참 좋아!"

오늘날 누군가의 말을 잘 들어 주는 사람은 '희귀 동물'이 돼 버렸습니다. 도대체 찾을 수가 없습니다. 참고로 '말 잘하는' 사람, '잘 말하는' 사람은 외국이고 우리나라고 머리에 떠오르는 정치인, 연예인, 아나운서 등 수없이 많습니다.

하지만 '듣기를 잘하는' 사람, '잘 듣는' 사람은 생각나는 사람이 거의 없습니다. 한번 당신 주변의 귀명창을 찾아 딱 열 명만 적어 보겠습니까? 열 명은커녕 두세 명도 적기 힘들었다고 해도 처참한 결과에 낙심하지는 마세요. 당신만의 문제가 아니니까요. 저 역시 그렇습니다. 솔직히 두세 명도 적기가 힘들었습니다.

실망하지 않았으면 좋겠습니다. 대신 설레는 마음을 가졌으면 합니다. 누군가가 말을 할 때 잘 듣기만 해도 세상을 사로잡을 수 있는 큰 기회가 우리에게 생길 수 있음에 대한 설렘 말입니다. 잘 듣기만 해도 사람을 움직일 수 있습니다. 세상 사람들은 자신이 말을 할 때 잘 들어 주는 사람을 당장 친구로 삼고 싶습니다. 모든 관계는 잘 듣는 것에서 출발합니다.

Check Point

'귀명창'처럼 전문적이고 뛰어나게 듣지 않아도 괜찮다.
일단 '그냥 듣는 것'부터 시작하자.

06

그냥 듣기만 한다면
7퍼센트만
얻는 것이다

배우 송강호가 강인구 역으로 출연한 영화 〈우아한 세계〉 중에는 이런 장면이 있습니다. 건강 검진 결과를 기다리는 강인구, 걱정스럽게 결과를 기다리는 그를 쳐다보지도 않고 의사는 컴퓨터에 눈을 고정한 채 무덤덤하게 말합니다.

"당뇨 왔네요. 약 받아 가세요."

뭔가 물어 보고 싶어서 우물쭈물하는 강인구, 하지만 여전히 의사는 강인구의 얼굴을 쳐다보지도 않습니다. "어떻게

해야 하느냐"라고 묻는 강인구에게 의사는 나가면 간호사가
말해 준다고 말할 뿐 강인구의 얼굴을 외면합니다. 진료실을
나가던 강인구는 참았던 분노를 폭발합니다.

"당뇨가 감기야?"

'흘끔'이라도 의사가 환자를 바라봤다면 강인구가 이렇게
욱하지는 않았을 것입니다. 그저 물끄러미 쳐다만 봤어도 강
인구는 큰 위로를 받았으리라 생각합니다. 하지만 의사는 그
렇게 하지 않았습니다.

여러분도 "제가 어디 어디가 아픈데 말이죠"라며 증상을 설
명하려고 할 때 의사가 말을 자르거나 대충 들은 경험이 있
는지요? 퉁명스럽기 이를 데 없는 의사의 무표정을 보면서
'이 의사놈을 죽여? 살려?' 했던 경험도 있을 것입니다.

요즘에는 의사들도 어딘가에서 교육을 받나 봅니다. 대부
분 편안한 미소와 전문적인 의견을 적절히 섞어 가면서 친절
하게 대하시는 분들도 많아졌으니까요. 그렇습니다. 한 직업
의 뒤에 '놈'이 붙을지 '님'이 붙을지는 상대방을 두고 어떻게
대하느냐에 따라서 달라집니다.

가끔은 귀보다
눈이 더 중요할 때가 있다

들는 것은 곧 보는 것이어야 합니다. 상대방의 얼굴을 보지 않고 오직 듣기만 해서는 상대방이 하는 말의 진위를 파악하기가 어렵습니다. 목소리만으로 모든 것을 판단하다가는 사기당하기 십상입니다. 그만큼 목소리는 사람의 마음을 움직이는 놀라운 능력이 있습니다. 실제로 목소리가 좋을수록 말의 전달력이 높아지고 신뢰도의 상승으로 이어진다는 연구 결과도 있습니다. 철옹성 같던 거래처 사장님의 마음도, 다툰 연인의 꽁꽁 언 마음도 눈 녹듯 녹여 버리는 것이 바로 사람의 목소리입니다. 그런데 여기서 문제가 생깁니다. 보지 않고 듣기만 해서는 잘못하다가 큰 피해를 입을 수도 있기 때문입니다.

'보이스 피싱'. 목소리로 선량한 사람을 낚는다고 생각해서 보이스 피싱을 영어로 'Voice Fishing'이라고 생각하지만, 'Voice Phishing'이 맞는 말입니다. 그리고 이때 'Phishing'은 인터넷으로 개인 정보를 빼내 돈을 빼돌리는 사기 행각을 말한다고 합니다. 어쨌거나 보이스 피싱을 하는 악한들이야말로 오직 듣는 것만으로 모든 문제를 해결하고 싶은 사람들의 마음을 이용하는 존재입니다. 그들은 의사소통을 위한 고귀

한 목소리를 범죄에 악용하는 것이죠.

　말소리에만 집중하는 사람은 보이스 피싱에 넘어가기 쉽습니다. 그러므로 어떻게든 눈으로 보고 확인하면서 들으려는 태도가 필요합니다. 눈으로 봐야 실수를 하지 않습니다. 실제로 인간이 의사소통을 하는 데 언어가 차지하는 비중은 고작 7퍼센트에 불과하며 나머지 93퍼센트는 몸짓, 표정, 말투, 자세, 태도, 옷차림, 매너, 배려 등의 비언어가 차지한답니다. 그러니 상대방을 바라보지 않고 귀만 열고 있다가 대화를 놓치는 사람들은 맥락을 따라가지 못해서 "무슨 소리를 하는 거야"하고 쉽게 욱할 수밖에 없는 것이죠.

　비언어적 의사소통, 즉 말 이외에 제스처, 손짓, 발짓, 몸짓, 눈짓 등의 '몸짓 언어'를 활용할 줄 알아야 합니다. 그래야 보이스 피싱 따위에 피해를 보지 않고 나아가 상대방과의 대화도 잘 풀어낼 수 있습니다. 귀만 기울여서는 상대방의 뜻을 온전히 파악하기 힘들기 때문입니다.

　저는 여러분이 몸짓 언어를 파악하고 활용하는 능력을 길러 보면 좋겠습니다. 상대방의 말을 듣는 데서 그치지 않고 행동과 태도를 전체적으로 바라보는 것은 커뮤니케이션을 위해 필요한 기술이니 말입니다. 예를 들어 상대방이 자신의 목 근처를 쓰다듬는다거나 시종일관 팔짱을 끼고 있는 행동 등 부정적 감정이 있는 것을 파악하지 못하고 오로지 듣는 것만으로 상대방을 이해하려고 한다면 우리의 의사소통은 실패할 가능성이 클 수밖에 없습니다.

지금 당신 앞의 상대방은 어떤 표정을 짓고 있나요? 손을 어디에 두고 발은 어떻게 하고 있나요? 상대방을 바라보는 당신의 표정은 어떤가요? 상대방과 눈을 적절하게 맞추면서 마음으로 느껴지는 친밀감을 높이기 위해 노력하고 있나요?

듣기 하나만으로 승부하겠다는 협소한 생각을 버리고 상대의 표정을 관찰하고 또 해석하려고 노력하시길 바랍니다. 가끔은 눈을 떠야 잘 알 수 있을 때도 있으니까요.

Check Point

오로지 듣는 것만으로 부족할 때가 있다.
그럴 때는 눈을 떠야 한다.

불편한 말에
현명하게
대응하는 법

대부분의 사람은 조심스럽게 말하며 조언자, 치유자로서의 대화를 즐길 줄 압니다. 말 한마디 한마디가 소중하기 때문에 상대방에게 말할 때도 고민해서 말을 고릅니다. 상대방에게 상처를 주는 말은 하지 않으며 항상 예의 바르고 조용하며 성실합니다.

세상에 이런 사람이 많다면 조금은 심심할지는 모르겠으나 말로 상처받고 상처 주는 일은 줄어들고 당신과 같은 좋은 사람들이 많아질 것입니다.

거친 말을 들었을 때
욱하지 않고 여유롭게 대응하는 법

하지만 아쉽게도 당신과 정반대의 사람들도 있습니다. 상대방의 상황, 상대방의 감정 등은 고려하지 않은 채 오로지 자신의 말만 쏟아 내는 사람들입니다. 물론 많은 수는 아니라고 생각하고 싶습니다. 하지만 이런 사람들 때문에 생기는 문제가 있습니다.

당신과 같이 말에 대한 민감도가 높아 섬세하게 받아들이는 사람일수록 누군가의 말에 상처를 받기가 쉽다는 점입니다. 언어의 흐름에 대한 민감도가 높으니 어쩔 수 없이 타인의 거친 말에 예민하게 반응할 수밖에 없는 것이죠. 학생이라면, 즉 사회에 본격적으로 나오기 전에는 괜찮습니다. 상처받는 말을 하는 상대방과 스스로 거리를 둘 수 있으니 말이죠. 친구와의 관계에서 상처받으면 헤어지면 되니까요.

물론 헤어짐의 과정에서 고통과 분노, 아쉬움은 있겠지만 두 번 다시 보지 않을 수 있는 것은 어쨌거나 당신의 선택으로 주어집니다. 인간관계에서 상대방을 선택하는 주체가 나 자신이기에 그에 대해서도 어느 정도 어려움을 감수할 수 있겠죠. 하지만 사회에 나오면서부터 불행이 시작됩니다. '선택당한' 사람으로 살아야 하면서 고통이 시작되는 것이죠.

내가 선택할 수 없는 사람, 아니 나를 선택한 사람과 커뮤니케이션을 해야 하면서 소통에 어려움이 생깁니다. 회사원이든 자영업자든 모두 '을(乙)'의 자리에서 선택당한 채 관계를 이어 가야 하는 것은 대단한 고통이 될 수 있습니다. 말을 할 때는 조심해서 하지만 되돌아오는 말은 거친 말인 경우가 그러합니다.

그렇다고 사회생활을 포기할 수는 없습니다. 어떻게 해서든 방법을 찾아야 합니다. 이럴 땐 어떻게 해야 할까요? 상황을 가리지 않고 훅 들어오는 누군가의 말에 욱해서 반응하지 않으려면, 무례한 상대방의 태도에 분노를 표출하지 않으면서 여유롭게 받아치려면 어떻게 해야 할까요?

예의를 무시하는 상대방의 말을 듣고서도 욱하지 않고 대응하는 법을 미리 알아 두면 자신의 마음과 영혼을 방어함에 도움이 되리라 생각합니다. 예를 들어 우리가 감추고 싶은 면을 드러내는 것에 아무 거리낌 없는 사람을 만났다고 하겠습니다. 이럴 땐 다음의 3단계 대응법을 활용해 보세요.

1단계 : 상대방의 의도에 대한 인정

"당신의 마음은 저를 해할 생각이 없다는 것에 대해서는 잘 알고 있습니다."

2단계 : 나의 마음을 불편함을 알림

"하지만 저는 ~한 상황이나, ~한 말에 불편함을 느낍니다."

3단계 : 나의 마음을 듣게 된 상대방의 의견 청취

"제 말에 대해 당신은 어떻게 생각하시는지요?"

모아 놓은 종잣돈으로 주식을 하는 박 과장이 있습니다. 약간의 수익을 올렸습니다. 조용히 있고 싶은데 이를 알게 된 상사인 김 부장은 시도 때도 없이 이 소재를 두고 이야깃거리로 만듭니다. 예를 들어 직장에서 회의가 끝난 후에 아무렇지도 않게 이렇게 말하는 거죠.

"박 과장은 주식으로 돈도 벌었다는데 나는 왜 늘 손해인 거야? 박 과장, 오늘은 어때? 오늘도 좀 벌었어? 술 한 잔 사지? 다들 어때?"

박 과장은 남의 사생활을 함부로 말하는 상사가 짜증스럽습니다. 이때 욱해서 화를 내는 것도 그렇습니다. 어떻게 해야 할까요. 말씀드린 3단계 화법을 적용해 봅니다.

1단계

과장: 제 주식 얘기를 다른 사람들 앞에서 재미로 말씀하시는 거 저도 알고 있습니다.

팀장: 그래. 그냥 우스개지, 뭐.

2단계

과장: 하지만 다른 분들이 회사의 업무가 아닌 저의 사생활을 알게 되는 것이 불편합니다.

팀장: 아, 그래.

3단계

과장: 저의 주식에 관한 얘기는 하지 말아 주셨으면 합니다. 힘들어서요. 부탁드립니다.

팀장: 그래. 박 과장이 그렇게 생각하는 줄 몰랐네. 그렇게 할게.

타인의 무례함에 솟아오르는 짜증을 욱하지 않으면서 차분하게 3단계로 말할 수 있는 당신이라면 관계를 훼손하지 않고 얼마든지 정중하면서도 신중한 사람으로 인정받을 수 있지 않을까요?

Check Point

불편한 말을 들었을 경우
인정하되 불편함을 알리고 의견을 요청할 것

때로는
피하는 것도
방법이다

IT 분야의 전문가가 있습니다. 그는 10여 년 다닌 회사를 그만두고 자신의 사업체를 운영하고 있습니다. 책도 몇 권 썼고 그만큼 다양한 강의에 불려 다니느라 정신이 없답니다. 대학에서 겸임 교수도 하고 있는 그의 열정은 볼 때마다 부러울 정도입니다. 그런 그가 언젠가 소주 한잔하다 한탄을 했는데, 요지는 이랬습니다.

한 기업체에서 강연을 진행했답니다. 두 시간 남짓이었지만 전 임직원이 참여하는 특강이라 좀 더 열심히 하려고 노력했다는군요. 내성적 성격의 그였으나 그것을 커버할 만큼

의 에너지로 강의를 진행하려고 안간힘을 다했답니다. 파워
포인트 자료를 열고 설명만 해도 됐지만 참석자의 이해 여부
를 알고 싶어서 앞자리에 있는 한두 사람에게 질문하면서 문
답식으로 진행하면서 끝냈다고 하는군요.

얼마 후에 그에게 특강을 요청한 그 회사로부터 클레임이
들어왔답니다. '무례했다'는 평가와 함께.

'무례함'의 이유는 앞에 앉은 참석자 한두 명과 이야기를 주
고받은 행동이었다고 합니다. 그가 질문을 하여 답변을 받은
참석자는 젊은 직원들이었는데, 특강이 끝나고 그 직원들은
행사를 진행한 담당자에게 '불쾌하다'고 하면서 강사의 무례
함을 문제 삼았답니다. 그들이 문제 삼은 것은 '왜 이 많은 사
람 중에 하필 우리를 지목하여 질문하느냐'에 관한 것이었답
니다. 만만하게 보여서 그렇게 함부로 질문을 한 것 아니었
냐는 말이었죠.

그는 이후 웬만하면 특강을 나가지 않는다고 했습니다. 어
쩔 수 없이 특강을 진행하더라도 이제는 최대한 건조하게, 할
수 있는 한 심심하게 절대 문답식 특강은 하지 않는다고 합
니다. 아예 특강을 나가기 싫어서 강사료도 두 배 올려 버렸
답니다. 이전까지는 자신의 지혜를 원하는 사람이 부르면 큰

벌이가 아니어도 찾아갔지만 단 한 번의 클레임, 자신을 철저하게 부정하는 말 한마디가 귀에 맴돌아 아예 쉽게 강의에 나서지 않기로 결정했기에 더는 강사료가 비싸다고 부르지 않는 기업이 문제가 아니었다고 합니다. 그는 태도를 바꾸는 계기가 된 그 사건으로 마음에 새겨진 트라우마를 이렇게 표현했습니다.

"열심히 하려고 노력했던 나를 깎아내린 말들을 내 귀에서 씻어 내고 싶다."

듣고 싶지 않은 말을 듣는 것, 물론 자신의 성장을 위해 필요하다면 들어야 합니다. 하지만 들어야 할 이유가 없음에도 들어야 하는 부정적 이야기는 굳이 들을 필요가 없습니다. 이상한 소리로 우리의 귀를 채워야 할 이유가 없는 것이죠. 이런 우스개가 있습니다.

"안 본 눈 삽니다."

보기 싫은 사진, 동영상 등을 어쩔 수 없이 보게 됐을 때 그것을 보기 이전의 평온한 상태로 돌아가고 싶다는 말입니다.

보는 것만 그럴까요? 요즘에는 듣기 싫은 것 역시 너무나 많습니다. 듣고 싶지 않은 것들이 너무나 많이 들립니다. 하지만 원하지 않아도 귀에 들어오니 피할 수도 없습니다. 게다가 적당히 안 들은 체하고 넘어가려 하지만 잊히지 않고 자꾸만 머릿속에서 맴돌며 떠나지를 않습니다.

가끔은 저 역시 '안 들은 귀'를 사고 싶다는 생각을 해 봅니다. 누군가의 한마디를 듣고 받은 마음의 상처로 정신적인 어려움을 겪었던 경험이 있기에 더욱 그러합니다. 돈을 주고 살 수만 있다면 '그동안 내가 듣지 말아야 할 것들을 듣지 않은 누군가의 깔끔한 귀'를 사고 싶습니다. 이렇게 말하면서요.

"안 들은 귀 삽니다."

노력해도 안 된다면 어쩔 수 없다

주변에 욱하는 사람이 있으면 힘이 듭니다. 주변이라는 것이 가까운 사람, 특히 가족 관계에 있는 것을 뜻한다면 말입니다.

한 여성이 있습니다. 오빠가 있고요. 그런데 오빠라는 사람이 욱하는 성질이 있어서 받아줄 수밖에 없는 이 여성, 괴롭습니다. 문제는 오빠가 잠깐 지내기에는 꽤 괜찮다는 것입니다. 유머러스하고 재밌고, 거기에 외모도 반반합니다. 하지만 조금이라도 오래 지내다 보면 피곤한 것이죠. 특히 욱하는 모습이라면 더욱더 말입니다.

여성의 말에 의하면 이런 일이 있었답니다. 엄마와 아빠를 모시고 오빠와 함께 유명한 냉면집으로 외식을 했는데, 여름이어서 그런지 사람이 너무 많았고 그 과정에서 종업원의 태도가 불친절했나 봅니다. 게다가 주문한 대로 음식이 나오지도 않고 말이죠. 그래서 여동생이 종업원이 가고 나서 식구들 앞에서 불평을 했다고 합니다. 그랬더니 오빠가 욱해서 주변 테이블 손님들이 다 쳐다볼 정도로 소리를 고래고래 질렀답니다.

"무슨 쓸데없는 소리를 하니! 저 사람들 얼마나 힘들게 일하는데! 사람이 많으니 주문한 걸 잊을 수도 있지 말이야. 그렇지 않아? 왜? 뭐, 기분 나빠?"

이런 사람, 있을까요? 있습니다. 예측이 어려운 사람들이죠. 버럭 화를 내는데 그 이유를 짐작도 하지 못하겠고, 언제 어떻게 화를 불같이 낼지 모르니 항상 가슴을 졸이게 되고, 결국 그렇게 관계를 끊어 버리고 싶을 정도의 사람들이 우리 주변에도 얼마든지 있습니다. 어제도, 오늘도 그리고 내일도. 아니 지금 우리 주변에도 말이죠.

상대방의 전후 사정을 천천히 듣고 욱하거나 화를 내도 절대 늦지 않을 것 같은데, 몸에서 마치 마그마처럼 화가 항상 끓고 있다가 일순간 화산 폭발하듯 욱하는 말이나 행동으로 내뿜는 사람들 때문에 우리는 늘 불안합니다. 도대체 이런 사람들이 우리의 주변에 있다면 어떻게 대처해야 할까요?

첫째, 결국 잘 듣는 것입니다.

오빠의 말 그 자체를 잘 듣자는 것이 아닙니다. 오빠의 말 속에 있는 기준을 잘 들어 보자는 것입니다. 사람들이 욱하는 이유 중의 하나는 자기 기준에서 오지랖을 부리면서 그걸 상대방이 받아 주지 않기에 그러는 경우가 많습니다. 그러니 우선 오빠의 말속에 있는 오빠의 기준을 들어 보고 또 그것을 수용할 수 있을지 고민해 보는 것입니다.

둘째, 욱하는 사람의 말에 대해 나름대로 방어 방법을 찾아 보는 것입니다.

오빠와 여동생이라면 그리고 둘 다 성인이라면 관계가 끊어져도 살아가는 데 특별한 지장은 없을 것입니다. 하지만 욱하는 사람이 끝까지 함께 해야 할 사람이라면 욱하는 사람이 100만큼 화를 냈다고 하더라도 '아, 저 사람은 5쯤 화를 낸 거다'라고 스스로 세뇌하는 것이죠. 상대방의 욱함, 즉 분노를 시답잖은 짜증 정도로 받아들이는 것이 핵심입니다.

마지막으로, 피하는 것입니다.

욱하는 사람 중에는 받아 줄수록 정도가 심해지는 경우가 분명히 있습니다. 이럴 땐 어쩔 수 없습니다. 철저하게 무시하든지 아니면 피하는 것이죠. 관계의 회복도 좋으나 그 누구보다도 소중한 자신을 지키기 위한 회피를 선택하는 것입니다. 최대한 피해 있으면서 한편으로는 상대방에 대한 일종의 기대치를 낮추는 것입니다.

이유 없는 욱함이란 일종의 정신적 미성숙을 의미합니다. 아니 '이유 없는'이 아니라 '이유 있는'도 마찬가지입니다. 인간관계에 있어서 욱함에 괴로워한다는 것은 '같이 있으면서 휘둘린다'는 말과 같습니다. 상대방의 정신적 불건전함을 멀쩡한 당신이 그대로 받는다는 것이죠. 그럴 이유는 없습니다. 그러니 욱하는 사람이 있다면 그래도 최소한도로는 들어 주려고 노력하세요. 하지만 노력해도 안 된다면 어쩔 수 없습니다. 회피도 괜찮습니다.

Check Point

지금까지 욱하지 않기 위해 들으라고 했지만
도저히 참을 수 없을 때는 피하는 것도 방법이다.

4장

차분하게
말해 보세요

: 호감을 얻는 대화의 기술

왜 **욱**하세요?

짧고 단순한
반응이
호감을 얻는다

'상대를 위한다는 것', 말 그 자체로 따뜻합니다. 누군가의 말에 귀 기울이며 미소 짓는 사람의 모습이 떠올라서 흐뭇합니다. 열정적으로 말하는 사람은 멋은 있겠지만 따뜻하지는 않습니다. 달변가에게 따뜻함을 느끼기란 쉽지 않습니다. 그와 반대로 조금 어눌하더라도 진솔하게 상대를 생각해 주는 사람은 따뜻합니다.

상대를 위하는 사람은 감정에 휘둘리지 않습니다. 감정에 휘둘리지 않는 사람은 권위를 앞세우지 않습니다. 그들은 존중할 줄 알고 배려할 줄 알며, 마음을 담아 반응할 줄 알기 때문에 함부로 판단하지 않습니다. 설령 상대방의 말이 자신의 감정을 자극하더라도 있는 그대로 욱하는 것을 드러내는 행동은 하지 않습니다.

냉정하게 받아치기보다
따듯하게 반응하기

침착하게 대화할 줄 아는 사람이 잘하는 것이 하나 더 있습니다. '한 타임 쉬고' 말하는 것입니다. 자신의 감정을 한 번 더 누르고 상대방의 말을 끌어낼 줄 압니다. 이때 그들은 단순하면서도 깔끔한 감탄사를 활용합니다. '심플 이즈 더 베스트(Simple is the best)'라는 말이 있는데 이는 단순함이 최상의 아름다움을 뽐낸다는 말입니다. 듣고 반응하는 것에 있어 정제된 반응이 멋진 대화를 이끕니다.

리액션을 전략적으로 사용할 줄 아는 사람의 반응은 그들이 주로 사용하는 감탄사와 함께 단순하다는 느낌의 '심플'을 넘어 짧기까지 합니다. 상대의 말에 호응을 표시하는 최소한의 단어만을 사용합니다. '쇼트 이즈 더 베스트(Short is the best)'의 마음가짐으로 이렇게 반응합니다.

"아!"

"네!"

"오호!"

속에서 치미는 감정을 누르고 일단 자신감 있는 미소와 함께 짧게 말할 줄 압니다. 편안하고 여유로운 모습으로 끝까지 단순하면서도 짧은 반응으로 대화를 이어 가는 것이죠. 특정한 상황이나 답변을 강요받는 상황이 아니라면 이런 태도는 대화를 활기차게 만듭니다. 단순하고 짧게 반응하는 것이 최고의 대화 전략임을 잘 아는 사람들이 보유하고 있는 언어적 기술인 셈입니다.

하지만 대다수는 이렇게 할 줄 모릅니다. 복잡하고 길게 말하려고만 합니다. 상대방이 자신의 말을 즉각 수용하지 않으면 버럭 화를 내고, 욱해 버립니다. 상대방의 말을 있는 그대로 받아들이지 못하고 '받아치려고만'해서 대화를 망쳐 버립니다.

"아! 그것 봐. 내가 말한 대로잖아. 역시 내 생각이 틀릴 리가 없다니까!"

"네. 하지만 저는 꼭 그렇게 생각하지는 않습니다. 기분 나쁘시겠지만 반대 의견 말씀드립니다."

"그렇군요. 그런데 아무리 생각해도 나는 그렇게 받아들이지 못하겠는데요?"

이는 대화를 평화가 아닌 전쟁의 무기로 생각하는 것과 같습니다. 물론 여러분은 섣부른 반응으로 대화를 망치기를 바라지는 않을 것입니다. 그렇다면 대화는 머리로만 이해하는 것이 아니라 가슴으로, 온몸으로 깨닫는 것임을 기억해 주십시오. 감정을 조절하지 못하고 날 선 말투로 받아치게 된다면 대화를 통한 평화는 없습니다. 상대방의 말에 조금의 허점이라도 보이면 그 말의 꼬리를 잡고 날 선 비난을 쏟아 내면서 '내가 얼마나 잘났는지 알아?'라고 어필하는 데 시간을 허비하는 대화는 하지 않기를 바랍니다.

우리는 따뜻한 사람이 되고 싶고, 따뜻한 대화를 원합니다. 진정으로 이런 마음을 가졌다면 우선 잘 들어 주세요. 상대방이 내가 듣고 싶은 이야기만 해 줄 것이라는 건방진 생각에서 벗어나는 것이 먼저입니다. 내가 가진 생각에 동의하는지 확인하는 것이 대화의 전부라고 생각하는 순간 관계는 더는 발전할 수 없습니다.

짧고 단순하되 긍정적인 반응을 멈추지 않는다면 대화가 따뜻해집니다. 자신의 생각과 반대되는 의견도 들을 수 있기에 자연스럽게 자신의 성장도 이룰 수 있을 것입니다.

노벨 물리학상 수상자인 리처드 파인만은 자신의 생각과 다른 사람과 소통하는 데 시간을 아끼지 않았답니다. 대학생 때 파인만은 자신의 전공과 전혀 관련이 없는 과목을 골라서 수강했는데, 특히 타 과의 학생들이 모여 있는 곳을 찾아다니며 순수한 궁금증을 갖고 그들의 이야기에 귀 기울이는 노력을 했답니다. 이런 태도가 결국 그를 세계적인 물리학자에 이르게 했습니다.

여기서 주의 사항이 하나 있습니다.

"그런데 사실 네 생각이 다른 사람들에게는 어불성설이라는 것 정도는 알지?"

대화 내내 상대방의 이야기를 들으면서 따뜻한 미소와 함께 "아!", "그래!"하며 계속 긍정적으로 반응했더라도 마지막에 욱하는 마음을 조절하지 못하고 토를 다는 못된 말버릇을 갖고 있다면 지금 당장 멈춰야 합니다. 그동안 공들여 쌓은

'관계의 탑'이 한순간에 무너지는 말투니까요. 끝까지 긴장을 늦추지 말고 따뜻하기를 바랍니다. 토 달지 말고.

Check Point

상대방의 말에 대한 나의 반응이 '받아치기'여서는 곤란하다.
배려와 공감이어야 마땅하다.

02

대화를
이어 가고 싶다면
되묻지 마라

'왜'로 시작되는 문장들이 있습니다.

"왜?"

"왜요?"

"왜냐고?"

"왜 그랬어?"

"왜 안 했습니까?"

'왜?'로 시작되는 말들은 대부분 화를 억누르는 상황에서 사용되기 때문에 기분 좋게 느껴지지 않습니다. 질문은 누군가의 말을 이끌어 내는 대화의 기술이고 '왜'는 질문에서 중요한 첫마디라고 합니다.

하지만 '왜'는 듣는 사람에게 기분 나쁘게 들리는 경우가 많습니다. '왜'라는 말은 질문이지만 어딘가 건방져 보이고 퉁명스럽습니다. 누군가가 저에게 "왜?" 혹은 "왜요?"라고 톡 쏴붙이면 불편한 감정이 먼저 앞섭니다. 물론 '왜'가 들어가는 말임에도 기분 좋은 말이 있긴 합니다. "넌 왜 이렇게 공부를 잘하니?", "너는 어떻게 하는 것마다 성공할 수 있니?" 하지만 이런 말들은 일생에 한두 번 들어 볼까말까 합니다.

질문은 화를 다스리는
올바른 방법이 아니다

사실 '왜'에 무슨 죄가 있겠습니까. '왜'를 엉망으로 사용한 우리의 잘못이죠. 때와 장소, 상대방의 성향을 적절히 봐 가며 '왜'를 사용한다면 얼마든지 권장할 만합니다. 그렇다면 '왜'는 구체적으로 어떻게 활용해야 할까요? 두 가지를 들 수 있습니다.

우선 어린아이가 세상을 향해 표현하는 '왜'는 무조건 권장 받아 마땅합니다. "왜 하늘 색깔이 파란 거예요?" 같은 질문들 말이죠. 이때 부모나 교사의 역할이 중요합니다. 어른들이 "쓸데없는 소리 하지 말고 밥이나 먹어!", "그걸 내가 어떻게 아니?"라고 대답하면 아이들은 입을 닫게 됩니다.

아이들은 '왜'를 말할 수 있어야 하고 또 말해야 합니다. '선행 학습'이라는 말을 많이 하는데, 아이들의 '왜'에 대해 적극적이고 긍정적으로 대답하는 어른의 태도야말로 아이들이 세상을 멋지게 살아갈 수 있도록 도움을 주는 것이라고 생각합니다.

다음으로 '왜'를 욱하는 감정 혹은 화를 억누르는 방법으로 사용하지 말아야 합니다. '왜'는 강요의 말이 아닙니다. 질문의 말이어야 합니다. 세상의 모든 '왜'가 순수하게 물음표를 던지는 말이기를 바랍니다. '왜'라는 말이 어떻게 시작됐는지 그 기원은 확실하지 않지만 추측건대 정보를 구하거나 원인이나 이유를 탐색하는 데 사용되는 것에서 시작됐을 듯합니다.

정보를 구하고, 이유를 탐색하는 것은 질문의 근본입니다. 하지만 우리가 사는 세상의 '왜'는 자신의 불쾌감이나 불찬성의 뜻을 거침없이 상대방에게 전달하는 공격적 언어로 사용되고 있어 안타깝습니다. '듣기를 원한다'라는 의미의 '왜'는 사

라지고 '너의 말 따위는 필요 없으니 잘못했다고 인정하라!'는
의미의 '왜'만 대화의 현장에 가득하다는 것은 비극입니다.

"왜 숙제를 안 했어?"
"왜 리포트를 제때 내지 않았습니까?"
"왜 미리 보고하지 않았습니까?"

이런 말을 듣고 자신의 생각을 편하게 말할 수 있는 사람이
몇 명이나 있을까요? 상황을 모면하기 위해 변명과 거짓, 침
묵과 회피만 담아 말할 수밖에 없을 것입니다. 상대방과 좋
은 관계를 유지하고 싶다면 '왜'라는 말을 자신의 말투에서 제
거해야 합니다. 강요, 협박 등 공격의 의미로서의 '왜'라면 더
욱 그러합니다.

대화를 그만두고 싶나요? 관계를 끊고 싶나요? 그렇다면
거칠게 '왜'를 사용하세요. 상대방이 대답을 하긴 할 것입니
다. 하지만 당신은 늘 틀에 박힌 말만 들을 것입니다. 그리
고 그 대답은 모두 당신의 강요에 의한 상대방의 진정성 없
는 말이라는 것 정도는 알았으면 좋겠습니다. 진정 상대방에
게 진실된 말을 듣기를 원한다면 당신의 언어에서 '왜'를 삭제

하십시오. 당신이 부모라면, 윗사람이라면, 연장자라면, 힘이

센 사람이라면 더더욱.

Check Point

"당신은 왜 이곳으로 이사 오게 됐나요?",
"당신은 왜 이 병원을 선택했나요?" 등 최소한의 사실 정보를 얻기 위해서
'왜'를 사용하는 것은 언제나 허용되니 오해하지는 말자.

03

응?
보다는
으흠!

대화 중에 상대방이 갑자기 높은 목소리로 "응?"이라고 할 때는 그에 딸려 온 표정을 보게 됩니다. 긴장되면서 불안해 집니다. '응?'의 어감은 사람마다 다르게 느껴지겠지만 대체로 화를 내기 전에 마주한 사람을 나무라는 말로 들립니다. 이렇게 되면 아무래도 말을 하면서도 눈치를 볼 수밖에 없습니다. 대화는 양방향으로 진행돼야 하지만 '응?'이라는 한마디는 대화를 일방적으로 흐르게 합니다.

'나는 그저 궁금한 것이 있어서, 더 잘 듣고 싶어서 '응?'이

라고 했을 뿐인데.'

　이런 생각이었다면 '응?'이라고 말한 사람은 억울할 수도 있겠습니다. 하지만 말이란 결국 말을 하는 사람이 아니라 그 말을 듣는 사람에 의해 그 효과가 결정됩니다. 말하는 중간에 누군가가 '응?'이라는 반응을 보이면 더는 대화를 이어 가고 싶지 않습니다. '응?'이라고 말한 것이 단지 궁금해서 무심코 나온 표현이라고 할지라도 상대방에게는 무례함으로 느껴질 수 있습니다. 이것이 대화에서 리액션의 중요성을 알아 둬야 할 이유입니다.

　리액션이란 고도의 대화 전략입니다. 잘 들어 주는 태도 그 자체만으로도 남들과 차별화되는 자신의 강점을 형성할 수 있습니다. 리액션을 통해 소통을 더욱 원활하게 이끌고 싶다면 어떻게 표현하는지가 중요한데, 이는 말하는 이가 자기의 생각과 감정을 자유롭게 이야기할 수 있도록 시간과 기회를 더 줄 수 있는 방향이어야 합니다.

　사실 저 역시 리액션에 익숙하지 못했던 사람이었음을 고백합니다. 지금도 여전히 리액션에 익숙하지 못합니다. 하지만 앞으로 잘 표현할 줄 아는 사람이 되기를 희망하고 섣부

른 말로 인해 저 자신을 위험에 빠트리지 않기 위해서 오늘
도 조금씩 리액션을 개선하려고 노력하고 있습니다. 우선 남
의 말을 가로막지 않는 것을 첫 번째 목표로 하고, 긍정적인
반응으로 상대방이 편하게 말할 수 있도록 돕는 것을 두 번
째 목표로 삼으려 합니다.

목표는 생겼으나 생각만으로는 목표에 도달하기 쉽지 않습
니다. 대화에서는 '당신을 진심으로 이해한다'는 감정을 상대
방에게 전달할 수 있는 별도의 노력이 필요합니다. 이왕이면
구체적이면 좋습니다. 짧고 간단한 말 한마디로 상대방과의
대화를 편안하게 만들고 그 과정에서 관계를 잘 형성할 수
있기를 바랍니다.

말버릇, 말 습관은 하루아침에 바뀌지 않습니다. 특히 자신
과 생각이 다른 상대방이 하는 말을 끝까지 듣지 않고 오히
려 욱하는 경우가 많은 것이 사실입니다. 상대방의 말 중간
에 '응?' 혹은 '뭐라고?'라며 공격적으로 달려드는 것이죠. 저
는 이제 그렇게 하지 않기로 했습니다. 아무 말도 하지 않겠
다는 것이 아닙니다. 그저 그동안 불편했던 단어 '응?'을 다른
표현으로 바꾸겠다는 다짐입니다.

'응?'은 말을 막는다
'으흠'은 말을 만든다

'응?'(과거 습관적으로 했던 반응) → '으흠'(현재 실천하는 반응)

이제 '응?' 대신 '으흠!'을 자주 사용하려고 합니다. 참고로 '으흠!'은 미국식 영어로 감탄사입니다. 뜻을 풀이해 보자면 '에', '저', '그게' 등 정도인데 저는 이를 "으흠, 으흠" 하면서 상대방의 말을 받아 주는 추임새로 받아들이기로 했습니다. 문장으로 표현하면 "아, 그래 좋아, 좋아!" 정도가 되겠습니다. 어렵지 않습니다. 그리고 쉽고 짧습니다. 리액션 기술을 한 단계 더 업그레이드하고 싶은 당신에게 '으흠!', 이 한마디를 추천합니다.

'으흠!'의 위력은 생각보다 강력합니다. 예를 들어 볼까요? 당신이 발표를 위해 단상에서 청중을 바라보는 상황이라고 해 보죠. 이때 앞줄에 앉아 있는 사람 한두 명만 당신을 바라보며 고개를 끄덕여 줘도 '내가 발표를 그래도 잘하고 있구나!' 하는 위안을 받을 수 있습니다. 반대로 고개를 갸웃하고 있다면? 가슴이 덜컥 내려앉을 테고요.

'응?'이라는 말은 상대방에게는 부정의 의미로 여겨집니다.

반대로 '으흠!'은 상대의 생각을 있는 그대로 받아들이며 존중하고 있다는 모습으로 비춰지고요. '으흠!'이라는 리액션은 상대방이 자신 있게 자기 생각을 펼칠 수 있도록 도와줍니다.

'질량 보존의 법칙'이라는 화학적 이론이 있습니다. 화학 반응의 전후에서 반응 물질의 '전질량(全質量)'과 생성 물질의 그것은 같다는 법칙입니다. 이를 대화에 적용해 볼까요? 대화에는 '타인 생각 보존의 법칙'이 있습니다. 대화를 시작할 때 상대방이 생각했던 것과 대화가 끝날 때 상대방이 생각하는 것은 같아야 한다는 법칙입니다. 한마디로 상대방이 대화를 시작하기 전에 하려는 말을 모두 다 해야 한다는 뜻입니다. 이를 위해 우리가 해야 할 단 하나의 리액션은? 그렇습니다. '으흠!'입니다.

Check Point

'으흠'은 '지는 당신의 말을 진심으로 이해하고 있습니다'라는 말을 두 글자로 함축한 단어다.

감정에
휩쓸리기 싫다면
앵무새가 돼라

친구 사이인 A와 B가 대화하는 장면입니다.

B: 점심 뭐 먹을래?

A: 난 이미 밥을 먹었는데?

B: 먹었어?

A: 응, 영진이랑 먹었어.

B: 영진이하고?

A: 그래, 군대에서 제대한 영진이 말이야.

B: 제대했어?

A: 그래, 벌써 두 달 전에 제대했대.

B: 두 달 전?

A: 응. 벌써 혼자 유럽 여행도 다녀왔대.

B: 유럽 여행도 했구나?

A: 시간이 정말 빠르지 않니?

B: 그러게. 시간이 정말 빠르다.

B는 이야기하면서 A의 말을 그대로 따라 하기만 했습니다. A의 말에서 단어 하나를 가져와 반복해서 대답하는 방법으로 대화를 마쳤습니다. 여러분은 이 대화를 어떻게 보셨나요? B의 말하기가 다소 심심하게 느껴지시나요? 하지만 그렇지 않습니다. 유연하면서도 세련됐습니다. 상대방이 말하고 싶은 것 그 이상의 감정들을 잘 끌어냈습니다.

말 따라 하기는
앵무새만의 것이 아니다

얼핏 보면 성의 없는 말장난 같아 보이지만 이 방법은 엄연히 커뮤니케이션 분야에서 추천하는 방법입니다.

예를 들어 퇴근한 남편에게 아내가 지친 얼굴로 "애들이 숙제는 안 하고 텔레비전만 봐서 힘들어"라고 했다면 "애들이 숙제는 안 하고 텔레비전만 봐서 정말 힘들었구나"라고 대답하는 것입니다.

아내의 말을 들은 남편이 듣자마자 "나도 회사에서 힘든 일이 많았다고!"라고 한다거나 아이들에게 "야, 너희들. 다 뭐하는 거야!"라며 감정을 주체하지 못하고 신경질만 낸다면 남편은 배우자의 말을 잘 들어 주지도, 제대로 반응하지도 못한 것입니다.

상대방의 말에 새로운 뭔가를 덧붙여서 대답하려 하지 마세요. 괜히 머리만 아프고 또 그 효과도 그리 좋지 못한 경우가 대부분이니까요. 대신 상대방이 이야기한 내용을 그대로 따라 말하는 것을 적극적으로 활용해 보세요. 이를 '재진술 방법', '리스테이트먼트 기술', '메아리 전략' 등이라고 하는데 좀 더 쉽게 말하면 '앵무새 전략' 혹은 '따라쟁이 전략'이라고도 부릅니다. 상대방에 대해 벽을 쌓고 부정적으로 반응하려는 마음 대신 상대의 말을 충분히 끌어내는 효율적인 방법입니다. 또한 섣불리 판단해 욱하는 자신의 마음을 가라앉히고 말하는 이에게 유심히 듣고 있다고 직접적으로 알려 주는 효과도 있고요.

'앵무새 전략'은 상대방이 말하고 싶은 바를 끝까지 끄집어 내서 대화의 질과 양을 풍성하게 만듭니다. 효과 면에서 이렇게 탁월한데 상대방의 말에서 핵심 단어 하나를 골라 대답에 넣는 노력 정도는 충분히 할 수 있지 않을까요? 우리에게 들리는 상대방의 말을 섣불리 판단하고 욱해서 무엇인가를 말하려는 시도보다 대화적으로도, 관계적으로도 훨씬 안정적인 기술입니다.

　참고로 '앵무새 전략'은 초급과 고급으로 나눌 수 있습니다. 초급 수준은 앞서 살폈듯이 상대방의 말에서 한 단어나 한 문장을 그대로 활용하는 것입니다. 고급 수준은 상대방의 말을 비슷한 의미를 지닌 다른 참신한 용어로 바꾸는 것이고요. 상대방의 말을 그대로 사용하지 않되 상대방이 말하는 의미를 그대로 담아 다른 문장으로 전달하는 것인데 다음의 사례를 통해 확인해 보겠습니다.

　A: 도대체 매출이 중요하다는 건지 영업 이익이 중요하다는 건지 판단이 잘 서지 않습니다. 지난달에는 매출을 위해서 수단과 방법을 가리지 말라고 하더니 이번 달에는 영업 이익이 왜 이 모양이냐고 난리를 치네요. 어느 장단에 맞춰야 할지 모르겠어요.

B: 아, 윗사람의 말에 일관성이 없다는 이야기군요.

B는 A가 말하고자 하는 의미를 이해한 후에 이를 명료하게 정리해 말했습니다. 이로써 B는 상대방의 말을 섣불리 판단하지 않고 대화를 원활하게 이어 나갈 수 있고요. A 역시 자신의 이야기를 중언부언하지 않은 채 보다 핵심적인 고민, 즉 상사와 자신의 관계에 대한 불만으로 바로 들어가서 자기 탐색을 할 수 있습니다. A와 B, 서로 시간과 에너지를 낭비하지 않고 빠르게 핵심을 이야기할 수 있는 것이죠.

상대방의 언어를 그대로 혹은 살짝 응용해서 사용하는 것은 나 그리고 상대방의 감정을 조절하고 반응하는 데 중요합니다. 말하는 이의 언어에 담긴 욕구를 파악하고 고민한 다음 상대방의 성장에 도움을 주는 긍정적 언어를 선택해서 말해 주는 것은 대화를 편하고 아름답게 이끌어 갈 수 있는 비결입니다.

욱하지 않고 기분 좋게 상대방과 관계를 이어 나가고 싶은 당신, 이제 상대방이 하는 말 중에서 단어 하나 혹은 문구 하나를 따라 하는 것으로 대화를 이어 가 보기를 바랍니다. 조금 더 욕심을 낸다면 언젠가는 앵무새처럼 따라 하기만 하는 초급 수준을 벗어나 상대방의 말을 긍정적으로 요약해 되돌려 주는 고급 수준의 앵무새 전략에도 관심을 둘 수 있기를 기대해 봅니다.

Check Point

'앵무새 전략'은
나의 자존감과 상대와의 관계
두 마리 토끼를 잡는 전략이다.

대화를 바꾸는
바람직한
티 내기의 기술

"뭐가 힘들다고 그렇게 피곤한 티를 내?"

'티를 내다'는 '어떤 태도나 기색이 나타나다'라는 뜻인데 보통 부정적인 의미로 사용됩니다. 부정적인 의미라고 하나 사실은 모두 티를 내면서 살고 있습니다. 어쩌면 티를 낸다는 것은 긍정적일지도 모릅니다. 보여 주려고 행동하며 인정받기 위해 노력한다는 것은 '결과를 낸다' 혹은 '성과를 얻는다' 등과 같은 의미니까요. 다만 티를 내는 데도 정도가 있을 텐데 이를 조절하는 것은 각자의 몫입니다. 알맞게 그리고 적당하게 티를 내는 건 일종의 기술인 셈이죠.

'내가 지금 당신의 말을 잘 듣고 있다'는 티를 낼 필요도 있습니다. 이는 상대방에 대한 존중의 표시니까요. '당신의 말을 잘 듣고 있다'는 표정이나 행동 혹은 말에 기분이 나쁠 사람은 없습니다. 그래서 필요합니다. 티 내기의 기술!

어떻게 하면 내가 상대방의 말을 잘 듣고 있다고 티를 잘 낼 수 있을까요? 웃음, 미소, 손짓, 끄덕임, 침묵 등 모두 상황에 따라 활용할 만한 방법입니다. 하지만 보다 적극적으로 상대방의 말을 잘 듣고 있다고 티를 낼 수 있으면 좋겠습니다. 대화의 과정에서라면 티내기의 기술로서 '요약'을 추천해 봅니다. 상대방의 생각과 감정을 간략하게 정리했다고 티를 내는 것이죠. 요약을 다른 말로 '입으로 듣는' 티 내기의 기술이라고 하겠습니다. 다음의 문제를 통해 살펴보겠습니다.

[문제]

A는 친구를 만나 자기가 다니는 직장의 상사에 대해 불만을 쏟아 냈다. 티내기 기술인 '요약'에 해당되는 대답은?

① 네가 뭐 잘못하고 있으니까 그런 거 아니니?
② 너만 힘드니? 내가 다니는 회사의 팀장은 더해.
③ 그 정도도 참지 못해서 어떻게 세상을 살아가려고 하니?
④ 네가 말하는 것을 보면 직장 생활에 어려움이 많은 것 같아.

문제의 정답은 ④입니다.

상대방이 한 말의 내용과 감정 그리고 줄거리를 간략하게 한 문장으로 정리해 말해 줌으로써 상대방에게 말을 잘 듣고 있다고 적극적으로 티를 내고 있습니다. 상대방이 이런 말을 듣는다면 신이 나서 자신의 말을 아낌없이 하지 않을까 싶습니다. 더 나아가 상대방의 말을 잘 듣고 있다고 티를 내는 요약의 기술을 사용할 때는 상대방이 말한 내용과 함께 상대방의 감정도 잘 정리해서 말하면 더욱 훌륭할 것입니다. 요약은 상대방에 대한 존중의 자세입니다.

요약은 상대와 나 모두를 지키는 방법이다

요약은 오직 상대방만을 위한 반응일 뿐일까요? 상대방에게 잘 보이려는 비굴한 짓일까요? 아닙니다. 요약은 '요약을 하고 있는 자신'에게도 긍정적인 영향을 줍니다. 상대방의 말이 대화의 본질에서 벗어나 쓸데없는 방향으로 흘러가는 것을 막는 역할은 물론 이야기가 지루하게 계속될 때 상대에게 욱하지 않고 원래의 주제로 돌아올 수 있도록 활용할 수도 있습니다.

예를 들어 상대방이 이야기의 주제와 관련 없는 내용을 주저리주저리 말한다고 해 보죠. 재미없고 피곤한 순간입니다. '왜 이런 얘기를 듣고 있어야 하나' 짜증이 나기도 하고요. 이 상황을 벗어나고 싶다면? 적극적으로 상대방의 말을 요약할 필요가 있습니다.

"지금까지 이런저런 말씀을 하셨는데 이 중에서 조금 더 관심이 가는 주제가 무엇인지 생각해 보시겠어요?"

"지금까지 한 말씀을 요약하면서 잠깐 정리하는 시간을 가져 볼까요?"

"이제 정리해야 할 시간이 됐는데 오늘 우리가 했던 이야기들을 잠시 정리해 볼까요?"

이런 말을 들으면 상대방도 '아차' 싶을 것입니다. 중구난방으로 흘러가는 자신의 말을 자제하게 되겠죠. 이렇듯 대화를 이끌어 가는 방법으로서의 요약은 주제에서 벗어나는 것을 적극적으로 방어하며 나와 상대방의 시간을 아껴 주는 기능을 합니다. 대화 당사자들이 서로 요약을 해 주면 자신의 말에 책임감을 느낄 수 있고, 산발적으로 드러나는 감정과 생각에서 초점을 찾을 수 있습니다. 앞으로 서로의 시간을 아끼고, 스스로 감정을 조절할 수 있도록 요약을 통해 티를 내 보는 것도 좋을 것 같습니다.

Check Point

생색내는 사람은 싫다.
하지만 상대방의 생각과 감정을 정리해 말해 주는 요약은
나의 감정도 조절할 수 있는 바람직한 티 내기의 기술이다.

질문은
순수한
물음표여야 한다

질문은 대화의 과정에서 중요한 역할을 합니다. 질문을 통해 상대방을 더 깊이 이해할 수 있고 그 질문으로 상대방 역시 자신의 여러 면면을 살펴볼 수 있습니다. 때문에 괜한 오해가 생기는 것을 방지할 수도 있고, 욱하는 것도 조절할 수 있습니다. 물론 모든 질문이 유익한 것은 아닙니다. 질문의 형식과 내용이 바르지 않으면 상대방은 자신이 하고 싶은 말은 못하고 질문에 맞춰 대답할 수밖에 없습니다.

질문은 짜증과 분노 등과 함께하면 안 됩니다. 공격적인 질문은 상대방을 급격하게 위축시키기 때문입니다. 상대방이 질문을 취조로 받아들이는 순간 상대방은 방어적으로 대화할 수밖에 없습니다. 자신의 속마음을 섣불리 꺼내지 못하고, 답답한 마음과 욱하는 마음이 생길 수밖에 없습니다. 결국 질문은 서로에게 어떤 '베네핏(Benefit)'도 제공하지 못한 채 상대방의 영역을 함부로 침범하는 무례함만 남깁니다.

질문은 강요하는 것이 아니라 궁금함을 말하는 것이다

직장에서 상사, 가정에서 부모의 위치에 있다면 질문을 할 때 대답하는 입장인 부하 직원이나 자녀를 배려해야 합니다. 높은 위치에 있음을 은근히 드러내는 질문만 할 경우 이를 듣고 대답해야 하는 상대방은 굴욕감, 모멸감을 느낄 수도 있습니다.

우선 상대방이 여유롭게 대답할 수 있는 주제에 한해 질문해야 합니다. 질문은 나의 욕구를 풀어내는 것 이전에 상대방의 마음을 살피는 것이어야 합니다. 질문을 잘하고 싶다면 다음의 세 가지를 기억해 두세요.

첫째, 나의 질문이 과연 여러모로 바람직한가?

둘째, 나의 질문이 상대방에게 어떤 의미로 전달될 것인가?

셋째, 질문할 때 나는 충분히 예의를 지키는가?

키워드는 '바람직, 전달, 예의'입니다. 이를 좀 더 자세히 살펴보겠습니다. 우선 '바람직'이라 함은 '왜 질문을 하는 것인가?'에 관한 것입니다. 질문을 통해 얻으려는 바가 무엇인지 확실할 때 질문해야 합니다. 자신의 화를 조절하지 못하고 상대방을 타박하기 위해 쏴붙이는 질문은 언어폭력에 불과합니다. 겸손한 마음을 가지고 자신의 부족한 부분을 보충하겠다는 자세로 질문해야 합니다.

다음으로 '전달'입니다. 저의 경우에는 특강 등을 마친 후 질문을 받는 시간을 갖습니다. 그 어떤 질문도 저는 즐겁게 받아들입니다. 하지만 종종 질문하시는 분들 중에서는 스스로도 무슨 말을 하는지 헷갈려 하는 사람이 꽤 됩니다. 많은 사람들 앞에서 질문하는 용기를 냈으나 당황한 경우입니다. 이럴 때는 자신의 질문을 간결하게 가다듬고 핵심만 말하는 것이 좋습니다.

마지막으로 '예의'입니다. 질문의 태도에 관한 것입니다. 이런 이야기를 들은 적이 있습니다. 한 기업체에서 CEO와 직원 간에 대화 시간이 마련됐는데, 질문 시간이 되자 한 직원이 일어나서 CEO에게 바지에 손을 넣고 질문하는 모습이 문제가 됐다고 합니다. 물론 '요즘 세상'에 그럴 수도 있겠지만 그래도 최소한의 예의는 지키는 것이 어떨까 하는 생각을 해 봅니다. 질문의 내용이 질문의 형식에 훼손돼서는 질문자도 손해니 말입니다.

　나쁜 질문을 해서는 곤란합니다. 하지 않는 것만 못하죠. 질문은 잘못하면 상대방에게 억지 대답을 강요하는 흉기가 됩니다. 몇 가지 예를 들어 볼까요? 우선 질문 속에 답이 정해져 있는 강압적인 질문은 별로입니다. 상대방이 자유롭게 자신의 의견을 펼칠 수 있는 질문, 즉 개방형 질문이 좋은 질문입니다. 예를 들어 "보고회가 끝났죠? 마음이 편해졌죠? 그렇죠?"보다는 "보고회가 끝났죠? 이제 어떤 기분이 드나요?"라고 묻는 것입니다. 미리 정해 놓은 자신의 생각을 강요하지 않고 상대방의 생각과 감정을 조심스럽게 파악하려는 질문을 권해 봅니다.

　다음으로 질문을 받는 상대방이 질문처럼 느끼지 않을수록 바람직합니다. 질문처럼 느껴지지 않다니 무슨 말일까요? 예를 들어 보겠습니다. 누군가에게 안 좋은 일이 생겼습니다. 이때 "갑작스러운 일에 어떤 생각이 들어요?"보다는 "갑작스러운 일에 어떤 생각이 드는지 궁금합니다"라고 말하는 것입니다. 이럴 때 상대방은 대답을 강요받는 기분을 덜 느끼고 편안해집니다.

질문은 대화를 이어 가기 위한 좋은 방법입니다. 화내지 않고, 강요하지 않는 질문은 대화를 풍성하게 만듭니다. 욱하는 감정을 섞지 않고 편안함을 유지하는 질문의 내용과 형식에 대해 관심을 둬야 할 이유입니다.

Check Point

바람직한 질문은
대화를 이끌어 갈 수 있는
가장 좋은 방법이 될 수 있다.

피드백은
전달이 아니라
요청이어야 한다

한 성인(聖人)이 있었습니다. 어느 날 그는 제자들에게 자신의 가르침에 조금이라도 의심스러운 점이 있는지를 물었습니다. 제자들은 아무 말이 없었습니다. 감히 스승에 대해 의구심을 갖는다는 것 자체를 생각해 본 적이 없기 때문이었습니다. 성인이 제자들을 향해 말합니다.

"아무것도 묻지 않는 것을 나에 대한 존중이라고 생각한다면 나중에 너희 친구들에게라도 나에 대한 의문을 알리도록 하라."

스승의 뜻은 간접적으로라도 제자들의 의문을 듣기를 원한다는 것이었습니다. '피드백(Feedback)'은 '두 개 이상의 주체에서 한 쪽의 활동에 의한 영향을 다른 쪽이 받고, 그 결과에 대한 반응을 원래 쪽으로 돌려줘 새로운 활동에 반영시키는 순환적 활동'이라는 의미입니다.

사전적 의미로는 다소 어렵지만 사례로 든 일화를 통해 피드백을 확인하면 명쾌해집니다. 우리는 흔히 피드백이라고 하면 약자가 강자에게 받는 것을 생각하는데 이 위대한 스승은 약자인 제자들에게 피드백 받기를 소원했습니다. 진정한 강자인 셈입니다.

커뮤니케이션의 용어 중 상당수는 과학 분야의 용어에서 차용됐습니다. 직장인들이 늘 접하는, 회의가 끝날 때쯤 윗사람이 내용을 전반적으로 '코멘트' 하는 것을 일컫는 피드백 역시 원래는 물리 분야의 용어였답니다. 그때의 뜻은 '입력과 출력을 갖춘 시스템에서 출력에 의하여 입력을 변화시키는 일'이었죠.

과학 분야에서 시작된 이 용어는 다양한 분야에서 활용됐습니다. '학습자의 학습 행동에 대해 교사가 적절한 반응을 보이는 일'처럼 교육학 분야에서, '진행된 행동이나 반응의 결과를 본인에게 알려 주는 일'처럼 심리학 분야에서도 쓰였습니다. 이를 커뮤니케이션 분야로 한정한다면 '대화를 발전시키고 각자의 성장을 위해 도움을 주는 조언'이라고 해석할 수 있습니다.

하지만 피드백을 떠올리면 우리는 부정적으로 느끼는 경우가 많습니다. 그 이유는 피드백이 강자에서 약자로 흐르기 때문일 것입니다.

예를 들어 조직의 리더가 현장의 말단 사원에게 "홍길동 씨, 제가 지금 말한 것에 피드백 좀 해 주시겠습니까?"라고 하는 경우는 본 적이 없을 것입니다. 대부분 "홍길동 씨, 이제부터 제가 피드백을 하겠습니다"처럼 윗사람이, 연장자가, 강자가 하는 커뮤니케이션 수단으로 피드백이 사용되고 있는 것이죠.

즉 이름만 피드백이지 실제로는 '내가 말하는 거 잘 받아적고 잘 기억해 둬!'라는 일방적인 대화 수단으로 우리의 머릿속에 각인됐습니다. 그러니 피드백을 받는 입장에서는 '나를 질책하는 것을 그대로 받아들이는 것'이 피드백의 개념이 돼 버린 것이죠. 피드백에 들어 있는 진심, 걱정, 따뜻함, 배려 등의 좋은 의미가 배제돼 안타깝습니다.

피드백은 질책과 충고의 수단이 아니다

피드백은 '더 많이 알고, 더 높은 위치에 있으니 당연하게 충고할 수 있는 권리'가 아닙니다. 피드백의 진정한 의미는 '당신이 알고 있는 것을 나는 모르고 있다. 그러니 더 많은 말을 해 달라'입니다. '당연한 권리'가 아니라 '정중한 부탁'이 피드백의 형식이어야 하는 것이죠.

다음 두 문장을 보겠습니다. 어떤 말이 제대로 된 피드백일까요?

① "그래, 보고는 잘 들었는데, 이 항목에 내가 할 말이 있는데 말이지…."
② "그래, 보고는 잘 들었는데, 내가 잘 모르는 것이 있어서 그러는데 혹시 말해 줄 수 있을까?"

①은 가짜 피드백입니다. ②가 진짜 피드백이고 제대로 된 피드백입니다. 지금까지 우리가 생각하고 겪어 온 피드백과는 전혀 다를 것입니다. 피드백은 전달이 아니라 '요청'이 핵심이라는 점을 여태까지 무시하고 있었기 때문이죠. 피드백을 마치 똑똑한 사람이 잘 모르는 사람에게 명령하는 말하기

인 줄 착각하고 있었습니다.

피드백은 말하기를 위한 수단이 아닙니다. 더 잘 이해하기 위해 상대방의 말에 반응하는 기술입니다. 우리의 피드백은 이제 달라져야 합니다. 그동안 일방적인 피드백을 해 왔다면, 일방적인 피드백에 시달려 왔다면 모두 잘못된 피드백에 길들여져 있는 것입니다. 제대로 된 피드백을 통해 대화를 유연하게 이끌고, 욱하는 감정을 조절해 관계를 완성하고 싶다면 다음의 세 가지를 염두에 두고 일상에서 훈련해 보기를 바랍니다.

다음과 같이 사람들에게 정중하게 묻고 요청하는 연습이 첫 번째입니다.

"나는 집에서 어떤 아빠로 보이니?"
"나는 일상에서 너에게 어떤 친구로 보이니?"

다음으로 상대방의 대답이 긍정적이든 부정적이든 충분히 그리고 감사하게 받는 연습을 합니다. 이때 주의할 점이 있습니다. 누군가의 말에 상처를 쉽게 받는다면, 아직 그것을 극복하지 못했다면 함부로 피드백부터 요청해서는 안 됩니다. 상대방이 피드백을 해 줄만한 사람인지를 파악하는 것도 능력이지만, 그 이상으로 중요한 것은 자신이 다른 사람의 말을 잘 들을 줄 알고 인정하며 수용할 수 있는 여유가 있는지를 알아차리는 것도 역량입니다. 타인의 말을 겸손하게 받아들일 준비가 되지 않았다면 아예 피드백을 요청하지 않는 것이 더 낫습니다.

마지막으로 당신이 피드백을 하는 입장인 경우 주의할 점인데, '솔직함'을 조심해야 합니다. 솔직함은 가끔 누군가에게 상처로 남을 수 있습니다. 솔직하게 피드백을 해 준다고 해서 냉정함 그 자체라면 피드백의 효과 유무와는 별개로 상대방의 마음에 흠집을 남길 수 있습니다. 성과를 얻었다고 해도 사람을 잃는다면 우리가 원하는 피드백은 아닐 것입니다. 이왕이면 사랑 가득한 따뜻한 말로 피드백을 할 줄 아는 당신이 됐으면 좋겠습니다. 같은 내용이라도 얼마든지 정중하게 그리고 상대방의 마음에 상처를 주지 않으면서 피드백을 할 수도 있다는 것을 알았으면 합니다.

"나는 말이 너무 많은 것 같아."
→ 피드백: "너는 늘 동료의 이야기를 잘 들어 주는 사람이야."

"아빠가 너한테 이거 하나 해 주지 못해서 미안하다."

→ 피드백: "아빠는 필요할 때 나에게 도움이 되는 사람이야."

"요즘 내가 바빠서 네가 이런 상황인 줄 몰랐어."

→ 피드백: "아니야. 너는 내가 힘들었을 때 늘 함께한 사람이야."

    소통을 진심으로 원하는 이가 자신에게 도움이 될 만한 이야기를 상대방으로부터 듣기 위해 정중하게 요청하는 것이 피드백의 본질이라는 점을 다시 한 번 강조해 봅니다. 자신의 부족한 점을 깨달은 상태에서 겸손한 마음으로 상대방의 좋은 점을 아낌없이 받아들이겠다는 피드백을 해 보시길 바랍니다. 피드백의 성공 여부는 말하려는 사람의 몫이 아니라 들으려는 사람의 몫임을 놓치지만 않는다면 피드백으로 우리가 얻을 수 있는 건 생각보다 많으니까요.

Check Point

피드백은 상대방의 말을 잘 이해하기 위한 정중한 요청이지 건방진 전달이 아니다.

5장

진실된 태도를
보여 주세요

: 관계를 지키는 대화의 기술

왜 **욱**하세요?

_____

상대를 향한 진실된 태도가 관계를 바꾼다

관계를 원활하게 유지할 줄 아는 사람은 상대방의 어떤 면을 바꾸겠다고 생각하지 않습니다. 또 그런 망상에서 벗어날 줄 알기 때문에 대화를 어렵거나 고달프다고 느끼지 않습니다. 물론 상대방을 바꾸겠다는 욕심에서 벗어나기란 쉽지 않습니다. 답답하고 때로는 욱할 정도입니다.

하지만 있는 그대로 받아들이는 것이야 말로 상대방에 대한 관심과 존중, 배려의 행위임을 그리고 결국 자신의 관계를 발전시키는 첫걸음임을 알아차려야 합니다. 말 몇 마디로 상대방이 한 번에 휙휙 변할 수 있다는 생각은 버리시길 바랍니다. 그런 망상에 빠져 있을 시간에 오히려 상대방은 절대로 변하지 않는다는 마음가짐으로 들어 주고, 말해 주는 것이 유익한 관계를 만드는 지름길입니다.

상대를 온전히 받아들이는 순간
새로운 인간관계가 시작된다

상대방이 나로 인해 변할 수 있으리라는 착각을 버리는 순간, 상대방을 무조건적으로 긍정하고 수용하는 태도를 갖는 순간부터 온전한 인간관계가 시작됩니다. 있는 그대로 받아들이는 것은 상대방이 상대방으로 존재하도록 돕겠다는 사랑과 관심의 태도입니다. 상대방을 바꾸겠다는 알량하면서도 무모한 자존심을 버리기만 해도 우리의 인간관계는 이전과는 다른 새로운 길로 접어들 수 있습니다.

반복해서 말씀드리지만, 사람을 온전히 받아들이는 것은 어렵습니다. 사람의 본성에는 다른 누군가에게 직접적으로 영향력을 주고 싶은 욕망, 그로부터 인정받고 싶은 욕망이 강렬하게 각인돼 있기 때문입니다.

하지만 버려야 할 것은 버려야 합니다. 늘 누군가에게 영향을 주며 살고 싶다는 생각을 버려야 비로소 관계는 제자리를 찾아갑니다. 상대방이란 존재에 대해 다르게 정의 내려 보는 것도 좋습니다. '나와 다른 경험을 했기에 나의 세상을 보는 눈을 넓혀 주는 사람'으로 여기는 것이죠.

이제 상대방을 '그래도 괜찮다'는 마음으로, '있는 그대로도 좋다'는 마음으로 바라보고 받아들여 보면 좋겠습니다. 이 마음가짐만으로도 관계는 한결 수월해집니다. 상대방에 대해 '좋다, 나쁘다'의 판단을 내리는 데 성급하지만 않는다면 인간관계는 한결 편해집니다.

혹시 당신이 최근에 들은 말 중에 감동적이었던 최고의 찬사는 무엇이었습니까?

제가 들은 최고의 찬사는 무엇일 것 같습니까?

물론 제 인생에 있어 거의 처음이자 마지막으로 들은 찬사니 제 자신이 일반적으로 그렇다는 것은 절대 아님을 먼저 말씀드립니다.

말을 잘한다? 아닙니다.

유쾌하다? 아닙니다.

유머가 있다? 아닙니다.

유창하다? 아닙니다.

"당신에게 말하고 나니 마음이 후련해졌습니다. 다음에도 나의 이야기를 들어 주면 좋겠어요."

힘든 상황에 빠져 누군가에게 말하고 싶을 때 '이런 상황을 말하면 나를 무시하지 않을까?', '이 말을 듣고 나를 어떻게 생각할까?' 등 온갖 걱정이 드는 것이 보통입니다. 이럴 때 자신의 고민을 아무 편견 없이 들어 주는 사람은 고마운 존재일 수밖에 없습니다. 만약 주변에 이런 사람이 있다면 당신은 행운아입니다. 대화에 진솔한 자세로 임하는 것만큼 상대방에게 인정과 사랑의 마음을 전할 수 있는 태도는 없으니 말입니다.

남의 이야기를 듣는 것을 두고 보통은 스트레스라고 생각합니다. 하지만 '원래 내 성격이 그렇지 뭐', '내 고집이 어디가나?' 하면서 다른 이의 말을 들어 주는 데 소홀하기보다는 좀 더 경청하는 태도로 상대를 대한다면 어떨까요? '당신에게 말하고 나니 시원하다'고 기쁜 표정을 지으며 나를 바라보는 상대방을 상상해 보세요. 마음이 따뜻해지지 않나요? 상대방의 웃는 얼굴을 보며 여유롭게 미소 지을 수 있는 우리가 되는 것을 목표로 삼았으면 좋겠습니다. 관계를 바꾸는 것은 거창한 것이 아니라 진실된 태도라는 것을 명심하세요.

Check Point

관계가 편해지는 방법은 그리 어렵지 않다.
있는 그대로 받아들이고 진솔한 자세로 임해라.

02

관찰하는 습관이
관계의 파멸을
막는다

기업에서 특강을 진행할 때면 시작하고 5분 정도만 지나도 그곳의 조직 문화가 어떤지 이제는 조금 눈에 보입니다. 잘 나가는 회사는 다릅니다. 활기찹니다. 별것 아닌 것에도 웃고 즐깁니다. 나이와는 관계가 없습니다. '소통이 힘들다'고 호소하며 강의를 요청하는 회사에 가면 이와 반대인 경우가 많습니다. 무겁고 침울합니다. 강의 시간에도 강연장은 '네가 뭔데, 우리에게 강의를 하느냐? 어디 한번 잘하나 보자. 평가해 줄 테니까'라는 표정들로 가득합니다. 가끔은 제가 강의를 하는 강사인지, 오디션 프로그램에 참가한 참가자인지 구분이 어려울 때도 있습니다. 그들은 무슨 이야기를 해도 웃지를 않습니다.

소통이라는 것은 누군가를 인정하는 일입니다. 당연히 쉽지 않습니다. "도대체 상대방의 어떤 점을 보고 인정할 만한 것을 찾느냐?"고 반문할 수도 있겠습니다. 하지만 상대방에게 긍정적인 점을 발굴하지 못하는 마인드로는, 상대방의 좋은 점을 인정하는 능력이 '제로'인 마인드로는 커뮤니케이션이란 불가능합니다.

어렵다고 포기할 건가요? 누군가를 인정할 줄 아는 사람은 어디 다른 사람의 나쁜 점이 보이지 않아서 그런 것인가요? 이런 말이 있습니다.

"사물에게서는 단점을 찾되 사람에게서는 장점을 찾는다."

물건을 볼 때는 단점을 보고 원인을 찾아내야 합니다. 물건은 문제 해결을 위한 도구이므로 그 자체에 문제가 있으면 안 되기 때문입니다. 노트북을 샀다면 빠른 시간 안에 불량인지 아닌지를 확인해 환불하든 교환하든 해야 합니다. 단점을 보고 문제의 원인을 찾아내는 태도가 사물을 보는 프레임이어야 할 이유입니다. 다만 원인을 찾아내는 태도를 사람에게 대입하면 문제가 발생합니다.

사람이 대상이라면 다른 프레임을 적용해야 합니다. 사람에게서 문제점부터 찾으려는 태도는 곤란합니다. 인간관계에서 상대방이 특별히 범죄를 저지른 사람이 아니라면 나쁜 점을 억지로 밝혀내려고 애쓰지 않는 것이 옳습니다. 그저 '지금 이 순간' 그리고 앞으로 무엇을 어떻게 함께 할지에 초점을 맞추고 상대방을 봐야 합니다. 일종의 '관찰하기'에서 모든 관계는 시작되는 것이죠.

이제부터 관찰의 중요성에 대해 말씀드리려고 합니다. 도대체 관찰은 어떻게 해야 하는 것일까요? 그동안 누군가를 관찰하는 훈련을 해본 적은 거의 없을 것입니다. 특히 인간관계에서, 대화에서는 더욱 그러합니다. 이렇게 관찰에 문외한인 우리들이 해야 할 관찰 훈련은 다음의 한 줄로 요약할 수 있습니다.

'3분 안에 상대방에게 인정할 만한 것 하나를 찾아내기.'

세상 그 누구를 만나더라도 그의 이야기, 그의 태도, 그의 모습 등에서 3분 내에 인정할 만한 한 가지를 찾아내는 연습을 하는 것입니다. 예전에 대학원에서 '코칭'을 공부할 때의 일입니다. 수업 시간에 교수님은 서로 두 명씩 짝짓게 했습니다. 학기 초라 저와 짝이 된 사람은 지나가다가 인사 정도만 했던 분이었습니다. 그런 우리에게 교수님은 두 가지를 요청하셨습니다.

첫째, 3분 동안 A는 자신에 대해 말할 것.
둘째, 그 3분 동안 B는 A의 말을 듣기만 할 것.
셋째, 3분이 지난 후 B는 A에게서 인정할 만한 장점 하나를 삼 분간 말해 줄 것.

규칙 자체로는 건조하지만, 결론부터 말하면 이 과정을 거치고 나자 3분 만에 상대방이 달라 보였습니다. 인정할 만한 한 가지를 상대방에게 찾아내 말해 주는 것만으로도 커뮤니케이션의 질적 수준이 놀랍도록 좋아지는 것을 느낄 수 있었습니다. 그때까지 저는 사람을 제 마음대로 판단하지 않는다고 생각했는데 이 과정을 겪고 나니 그것이 오로지 제 편견임을 알게 됐습니다.

저는 그동안 문제 해결 중심적으로 사고해 왔습니다. 이와 함께 지시적인 커뮤니케이션에 익숙했습니다. 상대방이 말할 때 쉽게 답답해했고, 쉽게 욱했습니다. 제가 답을 만들고 상대방에게 강요했으며 그것을 상대방이 받아들이지 못하면 욱해서 화를 냈습니다. 대화란 문제의 발굴 혹은 문제의 해결로만 이뤄지는 것이 아닌데도 저는 늘 상대방에게서 문제를 찾았고, 그 문제의 원인을 찾아 해결책을 주는 것에 희열을 느꼈습니다.

하지만 대학원 수업 시간에서 3분 동안 듣기만 하며 상대방에게서 인정할 만한 한 가지를 찾아내 3분간 상대방의 장점을 인정하고 수용하는 프로세스를 배운 순간 저의 부족했던 과거를 반성하게 됐습니다. 그때부터 제 주변의 모든 사람에게서 오로지 문제점만 찾으려 했던 제 모습이 부끄러워졌습니다.

이후부터는 누구를 만나더라도 3분간 상대방의 이야기를 듣고, 그 안에서 장점을 찾아낸 후 다음 3분 동안 진심으로 그 특징을 인정해 주는 말을 해 보려고 노력합니다. 물론 살면서 버릇이 그렇게 들지 않았던 터라 여전히 힘들기는 합니다. 하지만 그래도 오늘 저는 누군가와 대화할 때 마음속 스톱워치를 누르면서 다짐해 봅니다.

"상대방의 말을 3분간 듣겠다. 상대방의 말 중에서 긍정적이고 인정할 만한 하나를 찾아내겠다."

상대방을 함부로
정의 내리려 하지 마라

'매직 넘버(Magic Number)'란 운동 경기에서 1위 팀이 우승하는 데 필요한 승수를 말합니다. 프로 야구를 좋아한다면 '정규 리그 우승을 위한 잔여 경기의 수'라고 많이 들어 봤을 텐데 원래 이 단어는 과학 분야의 용어라고 합니다. '성인은 단기 기억에서 7 플러스마이너스 2(7±2)의 용량을 갖는다'라는 연구로부터 나왔답니다.

실제로 우리는 한 번 만난 사람의 인상을 평가하는 데 그 특성을 7 플러스마이너스 2로 기술하는 경향이 있다고 합니다. 정말일까요? 예를 들어 저부터 확인해 보겠습니다. 오늘 제가 만난 한 사람을 기억해 보죠. 낮 한 시에 만난 후 약 열 시간 후 그의 특성을 나열해 보겠습니다.

'눈이 작다, 눈을 피한다, 얼굴이 둥그렇다, 숨긴다, 검정색 옷을 입었다, 작게 말한다.'

3분 동안 고작 여섯 가지를 간신히 생각해 냈습니다. 함께 있을 때는 순간적으로 별별 이야기를 다 했다고 느꼈음에도 저는 그의 내면적 특징보다 겉모습만 주로 기억했습니다. 이 상합니다. 왜 크게 기억에 남는 것이 없을까요?

당신도 한번 해 보세요. 3분의 시간제한을 두고 어제나 오늘 만난 사람 중에서 가장 인상에 남은 사람 한 명을 골라 열 가지를 적으면 됩니다.

어떤가요? 많이 적었는지요? 특징 열 가지를 모두 채우기가 그리 쉽지는 않았을 것입니다. 이는 달리 말하면 우리가 누군가를 판단할 때 잘못된 선택을 할 가능성이 크다는 것을 간접적으로 말하는 셈이 됩니다. 저나 당신이 특별히 지능이 떨어져서가 아닙니다. 사람의 육체적 그리고 정신적인 한계일 뿐입니다. 여기에서 중요한 점은 자신의 한계를 분명히 알고 겸손할 줄 알아야 한다는 것입니다. 겸손하지 못하면 누군가를 함부로 어떠한 사람이라고 말하게 됩니다.

대화를 시작할 때도, 관계를 맺어 나갈 때도 우리의 부족함을 인정하는 것이 우선입니다. '나는 어느 누구와도 잘 지낼 수 있어!'라고 쉽게 생각하기보다는 '나는 상대방을 잘 알지 못한다. 그러니 집중해야 한다'는 생각이 관계를 보다 잘 이어 가게 만듭니다. 어쩌면 멋대로 판단해서 생기는 관계의 파멸을 막을 수도 있습니다.

Check Point

3분이면 충분하다.
누구나 만나서 대화를 하게 될 때
딱 3분만 제대로 긍정적인 마음을 갖고 관찰할 것.

03

한 발짝
가까워지고 싶다면
이름 부르기부터

초등학교 교장 선생님 30여 명을 대상으로 대화 관련 특강을 진행한 적이 있습니다. '교장 선생님'이라고 하면 엄하고 고지식할 것 같다는 선입견이 있었는데, 잘못된 생각이었다는 사실을 알 수 있는 즐거운 시간이었습니다. 활발하고 겸손하며 명랑하기까지 한 모습들을 봤기 때문입니다.

그날 재밌는 일이 있었습니다. 당시만 해도 저는 강의를 진행할 때 앞에 앉은 누군가를 지목해서 강의 파트너로 만들었습니다. 리액션이 좋은 분의 이름을 묻고 사례가 나올 때마다 그분의 이름을 부르며 사례에 활용하곤 했습니다. 그날도 마찬가지였습니다.

학교 선생님과 학생의 장면을 사례로 들어야 하는 상황이었습니다. 저는 선생님이고 앞에 앉은 분이 학생 역할을 해야 했습니다. 이럴 때는 늘 미안한 마음이지만 어쩔 수 없었습니다. 앞에 계신 교장 선생님 한 분을 지목해 이름을 물었고, 역할극을 시작했습니다.

나(선생님 역할): ○○야, 나는 네가 학교에 가져오지 말아야 할 ××을 갖고 와서 화가 났단다.
교장 선생님(학생 역할): 네, 하지만 저만 그런 건 아니잖아요.
나: 음, 선생님은 ○○이의 생각에 조금 다르게 생각하는데?
교장 선생님: 어떻게요?

학생 역할을 한 교장 선생님은 미안한 저의 마음을 아는지 모르는지 열심히 리액션을 해 주셨습니다. 사실 이럴 때 얼굴이 굳어 버리는 분들도 있습니다. 하지만 이분은 진심으로 저를 잘 도와주셨습니다. 정말 고마웠습니다. 그렇게 강의가 끝나고, 역할극에서 저와 호흡을 맞춘 교장 선생님이 다가와 말해 주셨습니다.

"유익했어요. 학교에 가서도 강사님이 말한 팁들 잘 활용할 게요."

일단 다행이었습니다. 이제 제가 사과할 차례였습니다.

"교장 선생님, 제가 너무나 무례했습니다. 저보다 나이도 많으신데 이름을 함부로 부르고, 죄송합니다. 용서해 주십시오."

저의 사과를 듣던 교장 선생님은 손사래를 치면서 "무슨 말씀이세요. 좋은 뜻으로 하신 것 압니다"라고 말씀하시고는 이렇게 덧붙였습니다.

"강사님, 그거 아세요? 최근 몇 년간 제 이름을 이렇게 열심히 불러 준 사람이 없다는 것을. 하하하."

상대방의 이름을 불러 준다는 것은 이름을 불러 주는 사람의 선의(善意)가 동반된다면 좋은 일임을 그때 깨달았습니다. 이름을 불러 주는 것은 아무런 관계가 없는 사람과도 독특한 관계로 만들어 주는 힘이 있습니다. 상대방의 마음을 편하게 만들어 그가 하고 싶은 말을 하도록 이끄는 방법이 되는 것이죠.

이름 하나
붙였을 뿐인데

다음을 비교해 볼까요? 어느 말이 더 따뜻한가요?

"요즘 잘 지내지?"
"지환아, 요즘 잘 지내지?"

"무슨 일 있는 거 같아서 전화해 봤어."
"수진이, 너 무슨 일 있는 거 같아서 전화해 봤어."

"숙제 있니?"
"소영아, 숙제 있니?"

이름 하나 붙였을 뿐인데 말의 느낌이 사뭇 부드러워집니다. 제가 상대방이라면 제 이름을 불러 주는 누군가에게 한마디라도 더 할 것 같습니다. 이름 몇 글자만 더 들었을 뿐인데도 제 마음이 열리는 느낌이 듭니다.

생각해 보면 우리가 누군가의 말을 잘 끌어내지 못하는 이유는 사소한 것을 못해서 그런 걸지도 모릅니다. 당연히 누군가의 이름을 불러 줘야 할 때도 못하기 때문에 대화가 진전이 없었던 것이죠. 예를 들어 인사도 그렇습니다.

언젠가 승강기를 탔는데 한 아이가 저에게 꾸벅 "안녕하세요!"하고 인사를 했습니다. 아마 제 아이의 친구였나 봅니다. 저는 "그래" 한마디로 끝냈습니다. 그것도 '넌 누구니?' 하는 뚱한 표정과 함께 말이죠. 세상을 아름답게 만드는 일은 그리 어렵지 않습니다. 어린 친구들이 하는 인사를 잘 받아 주기만 해도 최소한의 어른으로서 세상을 아름답게 만드는 것에 기여한 셈이 됩니다. 하지만 그때 저는 그렇게 하지 못했습니다.

"그래, 안녕? ○○ 친구인가 보구나? 인사성이 밝아서 좋구나. 고맙다."

왜 이 한마디에 인색했을까요? 친구 아빠의 뚱한 표정 그리고 건조한 음성에 그 아이는 마음에 상처를 받았을지도 모르겠습니다. 이런 일이 반복된다면 잘못된 학습 효과로 작용해 앞으로도 어른들에게 인사하기를 꺼려할 수도 있습니다. 그런 아이들을 보고 저는 또 '인사도 하나 제대로 못하는 버릇없는 애들'이라면서 투덜거릴 테고 말이죠. 부끄럽습니다.

"그래 고맙다. 이름이 뭐니? 그래? ○○아. 앞으로도 △△와 재밌게 지내."

늦었지만 지금에야 인사에 대한 대답을 보내 봅니다.

Check Point

이름을 부르는 것에는
상대의 마음을 움직이는 마법 같은 힘이 있다.

> ### 04

관계에
개인 플레이란
없다

상대방이 불편했던 과거 혹은 현재의 불편한 상황을 말하는 상황에 있습니다. 아무래도 주저할 수밖에 없는 그때 편하게 이야기해줄 수 있도록 유도하는 방법이 있는데, 이는 구체적이고 생생하게 말할 수 있도록 격려해 주는 것입니다.

"그래? 그땐 어떤 느낌이었어?"
"그렇구나. 어떤 감정이었을지 궁금하다."

감정을 드러내는 것이 어려워진 세상입니다. 점점 사람들이 진심을 숨기고 단순한 감정만을 표현하는 데 익숙해졌습니다. 진심이 빠진 대화는 피상적입니다. '자기를 알아주는 사람을 위해서는 목숨까지 바친다'는 말이 있는데 이는 정확하게 '자기의 진실된 감정을 알아주는 사람을 위해서는 목숨까지 바친다'는 말이라고 해야 합니다.

감정이 교류되지 않는 관계란 무의미합니다. 하지만 감정을 드러내다가 상처받은 기억을 갖고 있기 때문에 우리는 그것을 제때 꺼내기가 힘듭니다. 이런 말들 들어 보셨으리라 생각합니다.

"그걸 갖고 우는 거야?"
"애들처럼 그 정도로 감정이 상해서야 되겠어요?"

우리는 정서적으로 위축돼 버렸습니다. 자신의 감정을 제대로 표현하거나 처리하지 못하면서 심리적으로 불안정한 증상을 보이기도 합니다. 제때 외부로 표출되지 못한 감정들은 쌓이고 쌓여 결국 몸을 긴장시키고 마음을 경직되게 만듭니다. 그러다가 더 이상 견디지 못할 때 욱하고 터져 버리고 마는 것입니다.

상대방이 감정을 드러낸다면
관계는 성공이다

우리는 모두 괜찮은 인간관계를 가꿔 나가기를 원합니다. 자신만의 뭔가를 털어놓았을 때 시원한 느낌을 얻고자 하는 것이 인간의 당연한 본능이기 때문입니다. 감정이 배출되면서 느끼는 마음의 안정, 즉 카타르시스는 대화에서 이뤄지는 정신적 불안의 해소, 우유부단함과의 이별, 이유 없는 죄의식으로부터의 탈피를 통해 맛볼 수 있습니다.

나의 감정을 조절하며 표현할 수 있는 단계에 이르렀다면 이제 상대방이 감정을 외부로 표현할 수 있도록 도와줄 차례입니다.

"그동안 감정을 마음속에 쌓아 두느라 힘들었겠어요."
"나는 미처 생각하지 못한 마음을 털어놓을 수 있는 네가 용기 있어 보여."

감정을 표현하는 행위에는 말하는 사람이 자신의 마음속에 있는 감정을 인정한다는 큰 가치가 있습니다. 사람은 자신의 감정을 있는 그대로 외부로 배출했을 때 오히려 그 감정으로부터 자유로워지고 또 관대해질 수 있습니다. 억지로 감출 것이 사라지기 때문입니다.

우리는 상대방의 긴장을 풀어 주는, 상대방의 말을 있는 그대로 들어 주는, 상대방에 공감하면서 받아들이는 자세를 가져야 합니다. 상대방의 말을 진실하게 받아들이며 이야기를 경청함으로써 그가 카타르시스를 경험할 수 있도록 해 주면 좋겠습니다. 물론 이렇게 반문하는 분도 있을지 모르겠습니다.

"제가 기분이 별로인데도 상대에게 그렇게 하면서까지 대화를 이어 나가야 하나요?"
"왜 저만 잘 듣기 위해 노력해야 하나요?"

기분이 별로고, 상대의 말이 마음에 안 들 때라도 욱하며 탓하기보다 내가 하고 싶은 말을 거칠게 세상에 내보내는 것 정도는 자제하면 어떨까요? 섣불리 판단해서 나의 말을 전하려는 대신 상대방의 말에 집중하면서 좋은 관계를 형성해 가는 것이 좋지 않을까요? 서론부터 본론을 거쳐 결론에 이르기까지 상대방이 개입할 여지를 주지 않고 오직 자신의 말만 쏟아 내는 사람은 헛똑똑이 아닐까요?

만약 뭔가를 얻는다고 해도 결국 원했던 것만 얻고 끝일 가능성이 큽니다. 대화는 비움의 미학입니다. 비울수록 아름다워지는 것이죠.

대화할 때는 상대방이 말을 적극적으로 할 수 있게 이끌어야 하는데, 그러려면 나 자신을 먼저 비워야 합니다. 비우고 기다리면 해법이 나옵니다. 비우고 기다리다 보면 얻어 낼 것이 쏟아집니다. 비우지 않은 사람에게까지 억지로 채워 주기 위해 애쓸 상대는 세상에 없습니다. '채워진 나'를 알려 봐야 돌아오는 것은 나에게 채워진 것을 우습게 여기는 상대방의 공격뿐일 가능성이 큽니다.

내가 잘 비워 내고 있음을, 그래서 빈 곳이 많음을 상대방에게 알려야 합니다. '나는 텅 비어 있으니 당신이 채워 주세요'라고 사인을 보내야 상대방이 비로소 말을 합니다. 그 속에서 내가 원하는 바를 얻을 수도 있고요. 내가 비웠음을 상대방에게 어떻게 알릴 수 있을까요? 하나의 팁이 있습니다. 상대와 나를 하나의 팀, 즉 '우리'라는 틀로 묶어 대화를 이어 가는 것입니다.

"어떻게 생각하실지 모르겠지만 우리는 한 팀이라고 생각합니다."

"그동안 많이 배웠습니다. 앞으로도 저를 도와주십시오. 늘 함께하고 싶습니다."

"저의 부족함을 극복하고 싶습니다. 지금은 아니지만 '우리' 가 되는 그 순간을 기다리면서 배우겠습니다."

이렇게만 말하고 상대방에게 말할 기회를 넘겨야 합니다. 그리고는? 그렇습니다. 비웠으니 기다리면 됩니다. '우리는 한 팀이다!'라고 말했으니 분명 상대방도 긍정적인 생각을 하게 될 것입니다. '나는 나, 너는 너'가 아닌 공동의 문제를 함께 고민하는 느낌을 주니까요. '우리'라고 말하는 것은 '나에게 부족한 것을 당신이 채워 달라'는 요청입니다. 나를 비우고 상대방의 지혜를 기다리겠다는 겸손입니다.

말로 모든 상황에서 이기려 하지 마세요. 말을 통해 오히려 기다릴 수 있도록 대화의 상황을 세팅해 두세요. 기다리지 못하고 나와 다른 사람 사이에 시시비비를 가리려는 짓은 무모합니다. 특히 비즈니스 관계에서는 더욱 조심해야 할 일입니다.

참고로 직속 상사와 시시비비 가리기를 서슴지 않으면서도 성공한 사람, 일상에서 듣지도 않고 늘 말하기만 하면서 갈등

을 우습게 여기는 사람치고 출세한 사람은 아직 보지 못했습

니다. 적어도 제 기억에는 아직 한 명도 없습니다.

Check Point

"발을 잊는 것은 신발이 꼭 맞기 때문이요,
허리를 잊는 것은 허리띠가 꼭 맞기 때문이다.
마음이 시비(是非)를 잊는 것은 바로 마음이 꼭 맞기 때문이다."
〈장자〉의 한 문장이다.
자기 자신을 비우고 '우리'를 강조한 후에 상대의 말을 기다릴 것.

05

내가 빨간색이라면 너는 파란색이라고 할 수 있도록

영화 〈넘버 3〉에서 조폭 중간 보스 조필 역으로 출연한 송강호의 대사들은 유명합니다. 그중에서 그가 자신의 부하들을 모아 놓고 한 말이 있습니다.

"내가 하늘이 빨간색이라고 하면 빨간색이야!"

'내가 빨간색이면 너도 빨간색이어야 한다'는 프레임에서 벗어나지 못한 상태는 일종의 '듣기 불능' 상황입니다. 상대방의 말을 들을 줄 안다면 이렇게 말해야 했습니다.

"내가 빨간색이라고 해도 너는 파란색이라고 말할 수 있으면 좋겠어."

상대방이 반대할 수 있을 때 제대로 된 관계는 시작된다

세상의 많은 사람이 오늘도 불평하면서도 한편으로는 기대를 합니다.

"우리 집은 대화가 잘되는 곳이면 좋겠어."
"우리 학교는 소통이 잘되기를 바랍니다."
"다른 사람은 몰라도 우리 둘은 대화를 잘해 보자고."

소통이 잘되는 가족, 조직, 친구 관계를 찾아보기 힘듭니다. 서로가 '똑똑해서' 그렇습니다. 서로가 '이기고 싶어서' 그런 것이죠. 물어볼 줄 모르고 들을 줄 모릅니다. 듣기가 싫으니 묻지를 못하고, 묻고 나서는 듣기를 꺼립니다. 그러다 욱하는 것이죠. 소통이 잘될 수가 없습니다.

과거에는 똑똑한 한두 명이 가정과 조직을 이끌었습니다. 하지만 지금은 시대가 변했습니다. 과거처럼 행동하면 '독불

장군', '꼰대' 소리를 듣기 쉽습니다. 함께함으로 얻는 시너지 효과는 기대할 수 없습니다. 사람들은 서로 좋은 관계를 위해 제안하고 질문만 하면 모든 대화가 성공적으로 끝난다고 착각합니다.

"우리가 어떻게 하면 더욱 화목해질 수 있을까?"
"우리 회사가 어떻게 하면 최고가 될 수 있을까?"
"우리 매장의 음식을 어떻게 해야 더 팔 수 있을까?"

여기까지는 잘합니다. 하지만 이미 자신이 듣고 싶은 답이 정해져 있다는 점이 문제입니다. 이런 사람이 상대방에게 물을 때는 속마음이 이런 경우가 대부분입니다.

'네가 더 나에게 잘 대해 줘야 하는 건 알지?'
'당신이 좀 더 노력하라는 말이야.'
'손님에게 좀 친절하라고!'

이래서는 소통은 먼 나라 이야기가 될 뿐입니다. 상대방과 잘 지내고자 한다면 겉으로만 의지를 보여 주는 데서 끝나서는 곤란합니다. 진심으로 상대방의 생각, 감정을 수용하겠다는 태도가 필요한 것이죠.

예를 들어 질문하면서도 자신의 생각을 양보할 생각이 없다면 그것은 질문이 아니라 강요의 다른 형식일 뿐인 것처럼 말입니다. 질문을 했으면 들어야 합니다. 그런데 질문을 해 놓고 정작 딴 데 한눈팔고 있으면 대답하는 사람의 입장에서는 힘이 빠질 수밖에 없습니다. 상대방의 눈을 편안하게 바라보면서 천천히, 진지하게 받아들이는 것만큼 강력한 질문의 기술은 없다는 것을 기억해 두면 좋겠습니다.

상대방의 대답에서 여전히 이해가 안 되는 부분이 있다면 묻고 또 물어야 하는데, 많은 사람이 상대방의 대답 한두 마디를 전체 생각인 것처럼 섣불리 판단을 내리고 자신의 의견을 밝혀 버립니다. 말하는 상대방이 '말해 봐야 아무 소용도 없어'라고 생각하면 무슨 소통이 되겠습니까? '나의 생각은 바뀔 일이 없으니 당신이나 다시 한 번 생각해서 말해 보라'며 추궁하는 느낌을 줘서야 하겠습니까?

관계를 잘 유지하는 사람은 '나의 의견을 바꿀 준비가 됐으니 다시 한 번 말해 줄 것'을 간청할 줄 압니다. '정말 궁금하다. 당신의 의견을 있는 그대로 존중한다'는 모습을 보일 줄 압니다. 우리는 지금 어떤 태도로 상대를 대하고 있습니까?

한 엄마가 자기 아들을 두고 한탄했습니다. "까칠한데 욱하는 성격까지 있어요. 분노를 표출할 때는 무서울 정도고요. 머리는 좋은 데 잘난 척하길 좋아하고. 대체 어떻게 키워야 할까요? 제가 너무 신경질적인 엄마라 아들도 이렇게 된 걸까요?" 당신이라면 이 엄마에게 어떤 말을 해 주고 싶으신지요. 저라면 이렇게 말문을 열겠습니다.

"신경질적인 엄마 밑에서 자라 욱하는 성격의 아들이 된 것입니다."

이 엄마는 이미 이유를 알고 있습니다. '자신의 신경질'이 그것이죠. 이를 먼저 살피지 않고 아들의 욱함에 엄마의 욱함으로 받아치려 한다면 글쎄요. 그 결과는 저나 당신 그 누구도 원하지 않는 파국만 있지 않을까 생각을 해 봅니다. 결국 자녀는 부모를 보며 자랍니다. 부모는 자녀의 거울입니다. 그러니 아들의 욱함에 엄마가 욱한다면 그것은 거울을 보면서 욱하는 것과 같을 뿐입니다.

물론 부모마다 자녀를 교육하는 방법은 다를 것입니다. 하지만 자녀의 욱함에 똑같이 자신의 욱함으로 갚아 버리는 부모는 뭔가 아쉽습니다. 어디선가 '사랑의 매는 괜찮다!'는 말을 듣고 와서는 그것이 폭력인 줄도 모르고 자녀를 때리는 부모? 무지(無知) 그 자체입니다. 잘못 건드리면 터지는 압력 밥솥 같은 자녀에게 큰 상처를 입히는 잘못된 훈육 방식입니다.

자녀라면 모든 것을 해 주고 싶지 않습니까? 그렇다면 우선 자녀를 향해 내뿜는 욱함부터 자제해 보세요. 아들의 이야기를, 딸의 재잘거림을 사랑의 눈으로 바라볼 수 있어야 합니다. 너그러워야 합니다. 달래야 하고요. 특히 사춘기 아이들을 둔 부모님들에게 말씀드리고 싶습니다. 욱하는 마음으로 소리를 쳐서 해결될 아이 같으면 이미 사춘기 전에 잡혔다고 말입니다. 이미 늦었으니 잘 달래서 함께 사춘기를 넘길 수밖에 없습니다.

이런 것은 어떨까요? 군이 욱할 이야기를 자녀에게 들으려 하지 말고, 마음 편한 이야기를 유도하는 방법으로서의 질문을 먼저 부모가 하는 것 말입니다.

"방학은 언제야?"
"저녁에 뭐 먹고 싶어?"
"오늘 체육 수업 시간에 무슨 운동 했어?"

물론 처음에는 자녀의 대답도 시큰둥할지 모르겠습니다. 하지만 자녀가 생활하면서 힘든 것이 무엇인지, 학교에서 친구들과 어울리며 부족한 것은 없는지, 적절하게 용돈도 주면서 들으려고 노력한다면 자녀의 말과 행동으로 부모가 욱할 일은 크게 줄어들지 않을까요?

Check Point

나는 빨간색이 좋다. 그런데 나와 친한 그는 파란색이 좋다고 한다면?
욱하며 왜 파란색이 좋으냐며 따지지 않는다.
대신 미소를 지으면서 파란색의 어떤 점이 좋은지를 묻는다.
질문으로 더 잘 지내는 비결이다.

06
상대의 고통에 상처를 더하려고 하지 마라

약자의 목소리에 귀 기울일 줄 아는 우리가 되면 좋겠습니다. 고통을 호소하는 사람의 목소리에 상처를 더하지 않았으면 합니다. 비록 그 곁을 지키지는 못하더라도 최소한 그의 말에 귀 기울이는 것 정도는 충분히 할 수 있는 일이니까요. 하지만 많은 이가 어려움에 처한 사람의 곁을 지키기는커녕 피해 버리거나 더 나아가 힘들다고 괴로워하는 사람에게 고통을 증폭시키는 잔인한 말을 합니다.

"다른 사람들도 다 힘들어."

"참을성이 없는 거 아니야?"

"뭘 그런 걸 갖고 그래?"

"너만 조용히 하면 모두가 평화로울 텐데…."

"괜한 분란 일으키지 마."

섣부른 해결책은
고통을 무시하는 꼴이다

저 역시 누군가의 고통에 귀 기울이기보다는 그 고통을 회피하거나 저의 성급한 판단을 인생의 답인 것처럼 제시하면서 으스댔던 기억으로 가득합니다. 부끄러운 과거입니다.

예전에 조직 리더의 자리에 있었을 때의 일입니다. 한 구성원이 면담을 요청했는데 이런 대화가 오고 갔습니다.

"파트너 회사의 A 부장과 일하기가 힘듭니다. 우선 보고서를 지나치게 많이 요구하기도 하고요, 다음으로…."

"참, 이 친구, 세상에 대하기 쉬운 사람이 어디 있어요? 인간적으로 잘해 보려고 노력해 봐야 하지 않아요? 그리고 A 부장? 내가 보기에는 자기 일에 충실할 뿐이던데 그걸 이해 못해요?"

구성원은 실망하는 기색이 역력했습니다. 하지만 저는 그 표정을 외면했습니다. '이 정도는 자기가 직접 해결해야지'라고 생각했기 때문입니다. 그가 정서적으로 고통을 겪으며 괴로워할 것도 걱정이 되기는 했지만 '설마' 했습니다. 그해 말에 부서가 갈리면서 다른 조직으로 그 구성원은 자리를 옮겼습니다.

몇 개월이 지나 우연히 그와 이야기할 기회가 있었습니다. 오프라인 교육을 함께 받으면서였습니다. 이전에 직속 상사와 부하 관계로 만났을 때와는 달랐기에 편하게 대화를 나눌 수 있었습니다. 그때 그가 한 말이 아직도 가슴에 아프게 남아 있습니다.

"모르셨죠? 지금에서야 말씀드리지만 팀장님의 말 한마디 한마디가 차갑기 이를 데 없었어요."

그 말을 듣고 바로 '내가? 나처럼 말 편하게 해 주는 사람이 어디 있어?'라고 속으로 반문했지만 말을 편하게 하는 것과 그 편안함 속에 냉정함이 있는 것은 다르다고 이어지는 그의 대답을 듣고는 '아차!' 싶었습니다. 늦었지만 미안한 마음을 담아 사과했습니다. 하지만 제가 준 상처는 그의 마음 어딘가에 남아 있었을 것입니다.

그때 저는 깨달았습니다. 내 말을 아무렇지 않게 듣고 넘기는 사람도 있고 나의 말에 고마움을 느끼는 사람도 있지만, 퉁명스럽게 던지는 나의 말 한마디로 얼마든지 상처받을 수 있는 사람이 있다는 것을 반드시 기억해야 한다고. 눈으로 보이는 것만 믿지 않고, 타인의 감정을 더 이해해야 했음에도 이를 게을리 하면서 누군가에게 상처를 준 것이 너무나 아쉽습니다. 더 이해하지 못하고 더 공감하지 못했던 저를 반성합니다.

제 말이 상대방에게 아픔이 된 기억들을 그리고 비명을 지르는 약자의 말에 귀를 기울이지 않은 저의 아둔함을 다시 한 번 부끄럽습니다. 더 아쉬운 것은 그 이후로도 여전히 저는 상대의 고통을 이해하기보다 제 말을 하는 것에 몰두했던 것입니다. 그렇게 상대방에게 상처를 주는 말과 행동을 해 왔습니다. 데이터를 받아들이는 훈련은 나름대로 돼 있었지만 타인의 말에 공감하고 이해하는 훈련이 엉망이었기에 벌어진 참사였습니다.

세상의 약자들이 고통스러워할 때는 섣부르게 해결책을 주려고 하기보다 곁에 있다는 제스처를 취하는 것이 먼저입니다. 고통의 소리를 무시하지 않고 조용히 그의 곁에 있어 주는 것만으로도 인간으로서 할 일 중 상당 부분을 한 것이라고 말해 주고 싶습니다.

자신보다 강한 사람의 말 한마디에는 온 신경을 곤두세우고 들으면서 약한 누군가의 비명에는 무시와 외면, 회피와 훈계를 일삼는 사람이 혹시 자신이 아닌지 한번 되돌아보는 시간이 되기를 바랍니다.

Check Point

누군가 고통을 호소할 때
무턱대고 해결책을 제시하는 것은
고통에 상처를 더하는 일이다.

무례함을
피하는
세 가지 기술

내가 말을 할 때 상대방이 스마트폰을 힐끔힐끔 쳐다본다면, 초점 없는 눈으로 팔짱을 끼고 바라본다면, 나와 눈을 마주치지 않고 다른 공간으로 자꾸 시선을 돌린다면 어떤 기분이 들까요?

물론 남의 이야기에 처음부터 끝까지 집중하는 것은 힘듭니다. 그래서 가끔은 집중하는 척하는 기술이라도 익혀 둬야 합니다. 굳이 말하지 않고도 상대방의 말을 끝까지 들어 주는 '무언의 기술'을 습득해야 대화와 관계는 성장합니다.

무언의 추임새가
대화를 기분 좋게 만든다

욱하는 마음을 가라앉히면서도 상대방의 마음까지 얻는 방법이 있습니다. 바로 무언의 리액션 스킬 세 가지입니다. 첫째 '끄덕임', 둘째 '안티 포커페이스', 셋째 '메모'입니다.

우선 '끄덕임'입니다.

세상의 모든 사람에게 호감을 주는 태도가 있으니 바로 고개를 끄덕이는 동작입니다. 누군가의 말을 들을 때 위아래로 끄덕이면 강력한 긍정이 상대방에게 전달됩니다. 나의 말이 긍정적으로 받아들여지는 것이 기분 나쁠 사람은 없습니다.

끄덕임은 상대의 말이 맞을 때만 해 주는 행동이 아닙니다. 상대의 말이 틀렸을 때도 순간적으로 반박하기보다 일단 고개를 끄덕여야 합니다. 관계없이 일단 끄덕일 줄 아는 당신은 대화에 관한 한 '마스터'가 될 기질을 타고난 사람입니다. 행운아입니다.

반대로 세상에서 제일 무례한 사람이 되는 방법이 있습니다. 상대의 말이 틀렸다고 생각할 때 고개부터 가로저으면 됩니다. 일단 상대방의 눈가의 미세한 찡그림은 획득했습니다. 이를 무시하고 다음으로 상대의 말을 끊은 후 그의 말이 틀렸음을 냉정하게 지적해 보세요. 그럼 당신은 세상에서 제일 무례한 인간이 됩니다. 만약 좀 더 나쁜 사람이 되고 싶다면 설령 상대의 말이 옳았더라도 고개부터 가로저으세요. 평생 원수가 될 수 있으니까요.

언젠가 30여 명 앞에서 제 의견을 발표하는 자리가 있었습니다. 대부분 경청을 해 줘서 신이 났는데, 뒤쪽에서 얼굴을 찡그린 채 제가 무슨 말을 할 때마다 고개를 가로로 저으며 보란 듯이 부정적으로 액션하는 사람이 눈에 띄었습니다. 한번 신경 쓰자 집중이 되지 않았습니다. 곧 짜증이 올라왔고요. 나머지 사람들은 긍정적이었지만 나는 그 사람의 표정과 몸짓에 괜한 분노가 치밀어 올랐습니다.

발표가 끝나고 질문을 받을 차례가 됐습니다. 마침 그 사람이 질문을 했는데 제 발표는 전혀 듣지 않은 것처럼 엉뚱한 말을 했습니다. 결국 저는 발표하는 동안 담아 둔 분노를 고스란히 터트리고 말았습니다. 욱해 버린 것이죠.

일단 저의 좁은 속을 반성합니다. 하지만 그보다는 여기에서 말씀드리고 싶은 것이 있으니 누군가가 발표를 하거나 의견을 개진할 때 부정적 액션을 함부로 보여 주지 말아 달라는 것입니다. 그것은 대놓고 상대방의 의견이 싫다는 표시며, '나는 당신이 싫다'는 뉘앙스로 전달될 수 있기 때문입니다. 굳이 그래야 할 사람이 아니고, 계속해서 관계를 이어 가고 싶은 사람이라면 고개를 가로젓는 등의 부정적인 행동은 자제하세요.

참고로 사람이 어떤 감정을 나타내는 표정을 짓는 것만으로도 실제로 그에 상응하는 감정을 느낄 수 있답니다. 아무 때나 행복한 표정을 짓는다고 곧바로 행복해진다고 할 수는 없지만, 행복해질 가능성은 커진다는 말이죠. 상대방의 말에 끄덕이는 것은 오직 그와의 대화를 위한 긍정이기도 하지만 자신의 감정을 조절할 수 있는 나를 위한 긍정이기도 합니다. 대화의 기쁨과 행복으로 이어질 수 있습니다.

다음으로 '안티 포커페이스'입니다.

포커페이스란 아무 감정도 표출하지 않는 무표정을 이르는 영어 단어입니다. 이는 포커를 할 때 자신이 가진 패의 좋고 나쁨을 상대편이 눈치 채지 못하도록 표정을 바꾸지 않는 데서 유래됐답니다. 물론 카드 게임이나 중요한 협상 자리에서는 포커페이스가 필요할지도 모르겠으나 일상에서의 대화, 개인 대 개인의 사적인 대화에서 포커페이스는 상대방에게 오해할 여지를 줍니다.

기쁠 때는 기뻐하고, 슬플 때는 슬퍼해야 합니다. '안티 포커페이스'를 통해 기쁨은 함께하고 슬픔은 나눠야 마땅합니다. 말을 들을 때 당신이 짓는 무표정은 대화에 흥미가 없다는 무언의 메시지로 상대방에게 전달됩니다. 자신의 말을 무례하게 받아치고 무관심해 보이는 상대를 앞에 두고 마음 편할 사람은 없습니다.

마지막으로 '메모'입니다.

메모는 일종의 보디랭귀지입니다. 직장인인 당신이 상사의 일장 훈계를 듣고 있다고 해 보죠. 지루하고 재미없으며, 짜증도 나고 답답합니다. 이때 마음 같아서는 무시하는 티를 내고 싶겠지만, 참으세요. 당신은 더 성장해야 합니다. 더 많은 것을 얻어 내야 할 사람이고요. 이처럼 상대의 말에 표정을 관리하기가 힘들 때 활용할 수 있는 최소한의 보디랭귀지를 활용해 보세요.

첫째, 상대를 정면으로 쳐다보세요.

단, 눈보다는 눈과 코 사이 혹은 코와 입 사이를 보면 좋습니다. 별별 생각이 다 들겠지만 영혼이 빠진 표정으로 쳐다보는 것보다야 훨씬 낫습니다. 이렇게라도 최소한 상대방의 말에 집중하는 표정을 보여 줘야 합니다.

둘째, 가만히 쳐다보고 있지만 마세요.

앞서 배운 것처럼 가끔 고개를 끄덕여주세요. 실제로 가만히 있으면 금방 졸리니 고개라도 끄덕이면서 졸음을 쫓아 보십시오.

셋째, 수첩과 볼펜을 준비해 '심심할 때마다' 무엇인가를 적어 봅니다.

이것이 가장 중요합니다. 무작정 받아 적는 공직자의 모습을 두고 안쓰럽게 보인다는 신문 기사를 본 적이 있습니다만, 이는 기자가 착각한 것입니다. 고위 공직자들이 자기보다 더 높은 사람의 말을 받아 적는 행동은 나름대로 유구하게 내려온 생존 방식이니까요. 수첩에 적는 '척'도 상대방의 말을 듣는 매너 중의 하나라는 것을 커뮤니케이션 스킬로 활용해 주십시오.

정리해 보면 당신이 보여 주는 '끄덕임, 안티 포커페이스, 메모'는 모두 상대방에게 말을 집중하고 있다는 인상을 준다는 것에 핵심이 있습니다. 집중하는 느낌을 준다는 것은 공감한다는 뜻과 같으며 공감을 잘하는 사람이 곧 커뮤니케이션을 잘하는 사람입니다. 욱할 일도 없고 욱할 상황도 만들지 않는 셈입니다.

무심하게 넘기지 않고 상대방의 모습을 보면서 들어 주면 대화는 아름다워집니다. 고개를 끄덕이며 무언의 추임새를 넣고, 상대방이 기분 좋아서 하는 말에 미소를 보내며 진지해진 상대의 말에 메모하는 태도만으로도 당신의 관계는 완벽해질 수 있습니다.

Check Point

예전에 한 온라인 취업 사이트가 직장인을 대상으로
'표정 관리'에 대한 설문 조사를 했는데 직장인의 95.9퍼센트가
'직장 생활에서 표정 관리가 필요하다'고 응답했다.
표정 관리의 방법은 '끄덕임, 안티 포커페이스 그리고 메모'다.

08
관계를 멋대로
끊을 수 없다면
트릭을 사용하라

'트릭'을 보통 속임수, 골탕을 먹이기 위한 장난이나 농담 등 부정적 의미로 알고 있습니다. 이외에도 타인을 즐겁게 하는 마술, 비결, 요령, 묘책 그리고 결정적 순간에서의 한 판 이라는 뜻도 함께 갖고 있고요.

우리는 다양한 상황에서 상대방과 대화를 해야 하기 때문에 매 순간마다 다른 트릭을 적용해야 합니다. 이제부터 프로페셔널하게 대화를 이끌어가는 사람들의 세 가지 트릭을 문제 상황을 통해 살펴보도록 하겠습니다. 도움이 되기를 바랍니다.

곤란한 관계에
무례하지 않게 대처하는 법

[문제]

너무 재미없고 장황하게 말하는 상대방과 대화할 때 실제로
는 흘려들을지라도 경청하는 것처럼 보이려면 어떻게 반응
해야 할까요?

재미없고 장황하게 말하는 상대방이 누구인가요? 내가 어
떻게 반응할지를 생각하기보다 우선 상대방을 파악해야 합니
다. 비즈니스 관계라면? 회사의 상사라면? 이렇게 해 보세요.

먼저 옅은 미소를 짓습니다. 머리는 살짝 숙이고요. 가끔씩
긍정적으로 끄덕이고 무엇인가 메모도 하세요. 이따금 가벼
운 긍정의 감탄사도 좋습니다. 원하는 것을 얻어야 하는 사
람이 당신이라면 "아~!" 정도만 해도 충분합니다.

일반적인 관계라면? 상대방이 동호회에서 처음 만난 친구
라면? 간단합니다. 상대가 말하는 중간에 팍 끊어 보세요. 아
쉬울 것이 없다면 그래도 됩니다. 하지만 당신이 무례한 사
람으로 각인되기 싫다면 상대방의 말을 일단 들어야 합니다.

상대의 말 중간에 당신의 관심사가 나오면 리액션으로 커
뮤니케이션해 보세요. "오, 그거 좋다!", "아, 그거. 진짜 그랬

대?" 예능 지존 유재석의 성공 비결은 '커뮤니케이션 리액션'
입니다. 당신도 유재석이 될 수 있습니다.

[문제]

직장에서 팀장이나 선배들과 대화하다 보면 잘 모르는 것을
물어봐야 하는 경우가 생깁니다. 잘 모르겠다고 솔직히 얘기
하는 것이 겸손하고 솔직해 보일 때도 있지만, 자칫 공부를
게을리 하거나 무능력해 보일 것 같아서 걱정입니다. 필요한
것을 물어보면서 성의 있어 보이는 쉬우면서도 교묘한 방법
이 없을까요?

우리나라에는 불과 10여 년 전만 해도 '사수, 부사수'라는
군대 용어가 통용되는 도제식 조직으로 이뤄진 회사가 대다
수였습니다. 그리고 선배가 후배에게 하나하나 가르쳐 주며
사람을 키우는 문화였죠. 하지만 지금은 다릅니다. 철저한
팀 제도입니다. 선배나 후배나 영업 사원이라면 매출로 경쟁
하고, 사업 부서 직원이라면 자신의 성과로 경쟁하며 후배가
선배를 뛰어넘는 시대입니다. 지금의 선배는 후배가 물어보
고 도움을 요청하면 들어주는 사람이 아닙니다. 솔직히 선배
는 무식한 후배가 밉습니다. 회사의 인트라넷에는 매뉴얼이
넘쳐나고 하다못해 포털 사이트에 검색만 하면 나오는데 도

대체 모를 것이 무엇이 있을까요? '업무에 대해 잘 모르겠다는 솔직함'은 '게으름' 혹은 '무능'의 다른 말입니다.

그러니 업무에서 도움을 받고, 팁을 듣고 싶다면 무작정 물어보지 말고 우선 알아보고 물어봐야 합니다. 단, "검색했는데 안 나와서요"라고 말하면 안 됩니다. 전문 웹 사이트를 찾아 봤는데도 못 찾았다고 말하세요. 최소한의 성의입니다. 다음으로 가능하면 선배가 아는 것을 물어야 합니다. 선배도 모르는 것이 많습니다. 어렵고 모르는 것만 속속 물어보는 후배만큼 짜증 나는 후배도 없습니다. 상대방이 무엇을 알고 있는지 파악하고 묻는 것도 커뮤니케이션에서의 중요한 노하우입니다. 마지막으로 선배를 통해 알게 된 것이 있으면 봉지 커피라도 좋으니 보답하세요. 질문해서 답변 받았다고 끝이 아닙니다. 마지막까지 조심해야 합니다. 그래야 '쟤는 싸가지가 없다'는 뒷담화를 듣지 않습니다.

[문제]

사회생활을 하다 보면 싫어하는 사람과 부대껴야 하는 경우도 많습니다. 하지만 그럴 때 내가 상대방을 싫어한다고 티 내면 그것은 곧 사회생활의 하수임을 드러내는 것이죠. 실제로는 매우 싫어하는 스타일의 사람이지만 그렇지 않은 척, 심지어는 좋아하는 척 대하려면 어떻게 반응해야 할까요?

당신이 상대방을 얼마나 경멸하건 일단 얼굴을 마주할 때는 웃는 것이 좋습니다. 상대방을 안심시킬 뿐만 아니라 자신에게도 엔돌핀이 돌아 상대방을 혐오하는 티를 가리는 데 도움이 됩니다. 말을 할 때는 몸을 상대방 쪽으로 약간 기울여도 괜찮습니다. 말하기는 싫고, 들어 줄 수는 있다면 이 정도의 보디랭귀지로 버텨야 합니다. 상대방이 당신이 자신과 함께 있는 시간을 즐거워하고 있다고 착각하게 만들 수 있습니다. 이왕이면 헤어질 때는 '같이 말씀 나눠서 좋았습니다' 같은 멘트는 잊지 않았으면 합니다.

Check Point

우리에게 필요한 것은 '진심'만이 아니다.
멋대로 끊을 수 없는 관계라면 '트릭'이 필요하다.

09

나만의
필터가
필요하다

한 여성이 있습니다. 미국에서 박사 학위를 받았습니다. 결혼해서 아이가 있습니다. 그런 그가 한국의 한 회사에 경력직 연구원으로 면접을 보게 됐습니다. 그런데 면접에서 이런 질문을 받았습니다.

"집안에 급한 일이 생겼어요. 그런데 팀 전체가 함께해야 하는 야근이 잡혀 있어요. 이때 어떻게 하실래요?"

그에게 순간적으로 든 생각은 두 가지였답니다.

하나, …. (속으로는 '하아, 진짜')

둘, "내가 남자여도 이 질문을 하셨겠습니까?"

아마 참을성 없는 저라면 두 번째 생각처럼 욱했을 것입니다. 한마디 더 덧붙여 소리쳤을 것입니다. "그래도 명색이 연구원직 면접 자리에서 이게 도대체 무슨 말씀입니까! 좀 더 수준 높은 질문을 하세요!"라고 말이죠.

하지만 현명한 당신이라면 달랐을 것 같습니다. 우선 첫 번째처럼 침묵했을 것입니다. 그리고는 가벼운 미소를 면접관에게 보여 줬을 것이고요. 비웃는다기보다 '네가 그런 걸 내가 어찌 하겠느냐?'라는 아량 넓어 보이는 미소를 지으면서 말이죠. 그 미소와 침묵만으로 면접관이 자신의 말이 얼마나 유치한지 깨달을 수 있도록, '수준 낮음'에서 그들이 벗어날 수 있도록 도와준다고 생각하면서 말입니다.

상식이 있는 사람이 면접관이라면 당신의 침묵에 '아, 내가 잘못 밀했구나!'하며 반성할 것입니다. 침묵에 잘 반응한다는 것은 대화를 잘하는 것과 같습니다. 면접자의 침묵으로부터 그가 생각 중이며 마음에 있는 말을 드러내지 않으려 한다는 것을, 대화의 상황을 신뢰하지 못하고 마음의 평정을 찾으려 한다는 것을 알아채고 자신의 말을 되돌아볼 것입니다.

그런데 안타깝게도 세상에는 자신의 잘못을 바로 깨닫는 사람이 그리 많지 않습니다. 그래서 현명하면서도 자비로운 당신의 침묵에 왜 대답하지 않느냐고 면접관이 재차 묻는다면 더 이상 어떻게 대처해야 할까요? 참고로 사례에서 면접을 본 여성은 이렇게 말했다고 합니다.

"제가 없어서는 절대 안 될 곳이 어디인지 확인해 보겠습니다. 그리고 함께하지 못하는 곳에 양해를 구하겠습니다."

면접 상황에서 이런 질문이 난무한다는 것은 얼굴 붉어질 정도로 우습고 안타까운 일입니다. 하지만 세상이 내 마음대로 되지는 않으니 사례 같은 상황이라면 현명한 대답이 필요할 테고, 그렇다면 이분의 대답이 모범 답안이 아닐까요? 대답을 강요받는 상황일 때 할 수 있는 최선의 답이라고 생각합니다.

이렇게 대답하고 잔잔하게 면접관을 바라보면서 다시 질문을 듣는 데 집중할 수 있다면 면접쯤은 충분히 통과할 수 있으리라고 생각합니다. 아, 물론 이런 면접관이 상사가 되지 않기를 바랍니다. 수준 낮은 사람은 한 번 만나는 것으로 충분하니 말이죠.

적정한 타이밍에
적절한 한마디 정도는 괜찮다

세상에는 별별 이야기가 흘러 다닙니다. 알고 싶지 않은 말, 알지 말아야 할 말도 많습니다. 앞선 사례는 생각만 해도 얼굴이 붉어지는 욱할 만한 상황입니다. 이럴 때는 타인의 말을 듣는 것 이상으로 타인의 말에 다치지 않기 위해 사례의 당사자처럼 반응하는 것이 현명합니다. 다시 정리해 보겠습니다.

첫째, 듣고 흘려버리세요.

물론 상대방의 말을 듣고 바로 흘려보내는 것은 정말 어렵습니다. 말은 참 묘해서 내 귀에 들어온 이상 그 이야기는 머리와 마음에 맴돌고 또 정신을 혼미하게 만들어 버리니까요.

점점 세상에 대한 경험이 쌓이면서 그리고 말에 대해 민감하게 연구하기 시작하면서 말이 누군가에게 얼마나 상처가 될 수 있는지 뼈저리게 깨달았습니다. 상처가 되는 말들은 우리의 마음 한구석에 남아 사라지지 않습니다. 누군가의 말 때문에 배신을 당하거나 억울한 일을 당했을 때 용서하기가 어디 쉬운가요?

그래서 두 번째 방법이 필요합니다. 누군가에게 들을 가치

조차 없는 말을 들었을 때 한마디 정도는 해 주는 것이 좋습니다.

상대방의 말에 한 시간이고 두 시간이고 고개를 끄덕이며 받아 주는 척하기는 것에도 한계가 있습니다. 상대의 말이 더 거칠어지기 전에, 나의 심신이 소진되기 전에 적절하게 대응해야 합니다. 나 자신뿐만 아니라 잘 알지도 못하면서 말을 내뱉는 무지한 상대방을 위해서도 할 만한 일입니다.

세상 모든 소리에 주의를 기울이다가는 미쳐 버릴지도 모릅니다. 그렇기 때문에 나 자신만의 필터로 상대방의 말을 걸러 낼 수 있어야 합니다. 잡음을 옆으로 슬쩍 옮길 수 있을 때 정말로 들어야 할 아름다운 세상의 소리도 더 잘 들을 수 있는 법입니다. 진짜를 듣고 가짜를 무시할 수 있어야 합니다. 세상은 아름다운 것, 좋은 것에 귀를 기울이기에도 시간이 모자라니까요.

Check Point

상대방의 수준 낮은 질문에 일희일비하지 말자.
제대로 된 말을 듣기 위해 나 그리고 상대방을 위해
필요한 한마디 정도는 관계에도 좋다.

흥분해서 관계를 망치는 당신을 위한 대화법

왜 욱하세요?

© 김범준 2023

1판 1쇄 2023년 9월 12일
1판 3쇄 2023년 11월 7일

지은이 김범준
펴낸이 유경민 노종한
책임편집 조혜진
기획편집 유노북스 이현정 함초원 조혜진 **유노라이프** 박지혜 구혜진 **유노책주** 김세민 이지윤
기획마케팅 1팀 우현권 이상운 **2팀** 정세림 유현재 정혜윤 김승혜
디자인 남다희 홍진기
기획관리 차은영
펴낸곳 유노콘텐츠그룹 주식회사
법인등록번호 110111-8138128
주소 서울시 마포구 월드컵로20길 5, 4층
전화 02-323-7763 **팩스** 02-323-7764 **이메일** info@uknowbooks.com

ISBN 979-11-92300-83-2 (03190)